企業ではたらく20人の

女性リーダー

自分らしい最高のキャリアのつくり方

How to create
the Best Career
that suits you.

株式会社wiwiw 著

はしがき

　世界経済フォーラムが発表した2023年のジェンダー・ギャップ指数の日本の総合順位は、146ヵ国中125位と先進国中最下位であり、2006年の公表開始以来最低となっています。その要因の一つが、女性管理職比率の低さです。日本は2023年の名目GDPが世界第4位（IMF予測）の経済大国でありながら、全国の企業・事業所での課長級以上の管理職に占める女性割合は12.7%にすぎません。また、STEM（科学、技術、工学、数学）分野に占める女性の割合はOECD36ヵ国中最下位で、この分野における女性活躍の遅れも著しいものになっています。

　企業からは、「女性はリーダーや管理職に挑戦する意欲が低い」「技術系の女性の採用や、営業職の女性の定着がむずかしく、女性活躍がなかなか進まない」といった共通の悩みが聞こえてきます。その一方で、当事者である女性たちからは、「育児と仕事を両立するだけで精一杯」「自分の会社にはロールモデルがいないのでキャリアを描きづらい」といった声も少なくありません。

＊

　株式会社wiwiw（以下、当社）は、2000年に資生堂の社内ベンチャーとして生まれて以来、一貫して、「女性活躍」を含むダイバーシティ経営に取り組む企業を支援してきました。全国1200社以上の企業・団体を支援する中で、近年では、日本の女性活躍推進の潮目が変わり、少数ながらもロールモデルといえる女性リーダーが活躍している様子に触れられる機会も増えています。

＊

　そこで当社では、そうした好事例の紹介を通して、キャリアに悩む女性や、女性の支援に悩む企業の担当者の方々にヒントを掴んでもらうため、女性リーダー20人へのインタビューを行いました。

　本書に収録されているインタビューでは、日本企業の多様な業種においてリーダーや管理職、役員として活躍している女性や、男性がマジョリティの理系、土木・建築、物流などの分野でプロフェッショナルとして活躍してい

4

る方々から、「どんな学びや経験がキャリアに影響を与えたのか」「キャリア形成において、女性であることでどのような課題があったか」「挫折し、悩みを抱えたときに、いかに乗り越えてきたか」「時間管理や、ワークライフバランスを実現するのにどんな方法があるか」など、ライフキャリア上でターニングポイントになった出来事について掘り下げたお話を伺うことができました。

＊

ロールモデルといえる20人も、個々人によって、キャリア形成のあり方には違いがあります。しかし、そこにはやはり共通項もあり、それらが互いに影響し合って好循環を生み出しているということもわかりました。この共通項については、「Ⅱ　20人の女性リーダーの共通項からみる、自分らしい最高のキャリアのつくり方」の章にまとめています。また、このような女性リーダーたちが活躍できる企業では、どのように多様な人材が力を発揮できる職場づくりを進めているのか、今後の企業の取組みの参考にしていただくため、それぞれの企業のダイバーシティ＆インクルージョン（以下、D&I）に関する取組み内容についても紹介しています。

＊

本書が、企業で活躍しようとする意欲的な女性の方々の励みとなり、インタビューで語られたライフキャリアのストーリーを通じて「自分もそうありたい」と考えるリーダー像をみつけ、一歩踏み出す勇気を得て、今後の自分を動かすエンジンとしていただけることを願ってやみません。

同時に、本書のメッセージが日本企業におけるD&Iの取組みを進化させる一助となることを願いながら、これから女性リーダー育成・登用への取組みを推し進めたいとする企業に送るエールにしたいと思います。

＊

出版にあたり、20社にご協力、ご支援をいただき、ここに深く感謝の意を表します。

とりわけ、ご多忙の中インタビューに応えてくださった女性リーダーのみなさまには、この場を借りてお礼申し上げます。

2024年1月

山極　清子

目次

表紙カバーデザイン──竹内雄二
カバーイラスト　　──西谷　久

本書の活用法

　日本企業において女性がおかれてきた状況を振り返ると、1985年に男女雇用機会均等法が成立してから、国や企業で取組みが進む間にも、様々な逆境がありました。現代になり、「時代は変わってきている」と感じられる機会も徐々に増えてはいるものの、まだまだ根強い課題が残っています。

　本書で紹介するインタビューには、それぞれの時代、それぞれのおかれた環境の中で、逆境にも負けず、活躍を続けている女性たちの物語が凝縮されています。

　こうした物語をどのように受けとめて、私たち自身のライフキャリアに活かしていけばよいのでしょうか。また、企業はどのように活用すればいいでしょうか。ここでは、本書の活用法について、対象読者別に紹介します。

1. 女性読者の活用法
　女性リーダーの経験をもとに、自分自身の価値観を知り、"最高のキャリア"をつくるための行動につなげる

　本書の目的の一つは、身近にロールモデルがいないために今後のキャリアを描きづらいと感じている女性読者のみなさんに、20人の女性リーダーのライフキャリアストーリーを通してモデリング（代理体験）をしていただくことです。モデリングとは、心理学の用語で、他者をお手本として観察し、言動をまねることで学習していくことです。
「この人の考え方が素敵だと思った」「この人の考え方を取り入れれば、私ももっと成長できそうだ」「この人のような経験ができるのであれば、リーダー／管理職になるのも面白いかもしれない」など、自身の考えをみつめ直し、キャリアを前向きに捉え、一歩を踏み出すためのきっかけを提供したいと考えています。

　20人のリーダーのライフキャリアストーリーを読めばきっと、新しい気づきや、背中を押してくれるような視点、考え方のヒントがみつかるでしょう。ただ読むだけでもよいのですが、自身のライフキャリアに活かすためにぜひ、

10

「いいな」「素敵だな」と共感した考えや行動をメモしてほしいと思います。まねしたいと思ったことや心を動かされたストーリーを書き出して、ぜひ今後の自分を動かすエンジンにしてください。

　たとえば、以下の図表のように、物事の捉え方や、困難の乗り越え方、周囲の人との関わり方、その他印象に残ったことを記録していくことで、自分がどんなことに価値を感じるのかを知り、あらためて自分をみつめ直すことができます。自分自身の価値観を知り、"最高のキャリア"をつくるための行動につなげましょう。

図表　インタビューから自分の価値観を振り返る

	どのリーダーの	どのような考え・行動	どのように感じたのか
（例）	〇〇さんの	失敗を恐れず、チャレンジする姿	私は、何かにチャレンジする前にあれこれ考えすぎてしまうので、もう少し自分を信じようと思った
物事の捉え方			
困難の乗り越え方			
周囲の人との向き合い方			
その他、印象に残ったこと			

2.　女性読者・企業の活用法

　女性リーダーの共通項をもとに、キャリア形成、女性リーダー育成につなげる

　本書では、20人のストーリーを振り返りながら、成長やキャリア形成につながるカギとなる10個の共通項を抽出し、まとめています（「Ⅱ　20人の女性リーダーの共通項からみる、自分らしい最高のキャリアのつくり方」参照）。

　考え方や行動の特徴、周囲に築いた支援体制、そして壁にぶつかったときの乗り越え方などを比べながら、みなさん自身の最高のキャリアにつながるヒントを探してほしいと思います。

　また、この共通項は、企業経営者や人事担当者の方からみれば、女性リーダー育成のヒントにもなるでしょう。章の最後には、「心理的資本」「社会関係資本」「人的資本」といった観点にも照らした考察を行っていますので、ぜひ参考にご覧ください。

3. 企業の活用法
　インタビュー企業のダイバーシティ＆インクルージョンの取組みを参考にする

　D&Iは、従業員の多様性（Diversity；ダイバーシティ）を認め受け入れ（Inclusion；包括）、その能力を最大限に活かすための取組みです。近年では、このうちの「インクルージョン」に含まれる考え方である「エクイティ（Equity；公平性）」をより強調し、「ダイバーシティ、エクイティ＆インクルージョン（DE&I、もしくはDEI）」と表記する企業も増えています。私たちも、女性が自分らしいキャリアを築いたり、リーダーシップを発揮していくには、この「エクイティ」の取組みが大切であると考えています。
「エクイティ」とは公平性を意味する言葉で、社会や組織、あるいは個人のおかれた状況に存在する構造的な不均衡を認識し、是正していく取組みです。企業の取組みにおいては、従業員が、性別の違いなど、それぞれの立場や事情により不利を被ってしまうことをなくし、すべての人が活躍できる環境の実現を目指します。たとえば人事制度における採用、配置・異動、能力開発、評価、昇進・昇格といったプロセスにおいて、性別などによる格差の存在を把握し、そのもととなる要因をみつけ、是正していきます。これまで長年"当たり前"とされてきた慣習や考え方を見直していくなど、地道な活動が求められるでしょう。
　女性管理職育成の課題を例に、少し考えてみましょう。管理職への昇進・昇格条件が共通であっても、男性は営業職、女性は事務職といったように職種に性別の偏りがあるなど、男女ですでにスタート地点が異なるということはありませんか。採用や配置、その後の能力開発の機会についてはいかがでしょうか。管理職に男性が多い場合などには特に、評価や昇進・昇格に影響しやすい花形の仕事（ホット・ジョブ）が知らず知らずのうちに男性部下に偏ってしまうということも、往々にして起こります。

　また日本では育児等の負担が女性に大きく偏っており、長時間労働が前提の職場ではよい評価を得られないという問題も起こります。そうした壁を乗り越えて、昇進・昇格に値する人材に成長しても、性別などの影響で不当に昇進・昇格を妨げられてしまう「ガラスの天井（Glass Ceiling）」問題が立ちはだかるかもしれません。こうした例のほかにも、職場や本人に存在する「男性は仕事、女性は家庭」という性別役割分業意識（アンコンシャス・バイアスの一種）は様々な形で影響し、女性にとっての逆境となります。

「エクイティ」の取組みでは、こうした不利な状況におかれた一人ひとりに対して、阻害要因を取り除き、活躍できるように支援していきます。中には「なぜ女性ばかりを支援するのか」と疑問に思われる方もいらっしゃると思いますが、すでに男女間に不均衡が存在しているため、その解消のためには、どうしても手厚く支援するプロセスが必要なのです。もしこうした不均衡を考慮せず、すべての人に同じ支援を行っていくアプローチをとるのであれば、すでに存在している格差や不均衡は長く温存されてしまうことになるでしょう。

「エクイティ」な職場環境を土台として、職場に高い心理的安全性があれば、健全で活発な対話が起こり、組織に一体感が生まれ、「インクルージョン」をより進めることができます。そして、従業員のエンゲージメントも高まり、イノベーションなどの組織成果にもつながるなど、企業にとって大きなメリットが得られます。

　本書では、女性リーダーたちが活躍する各企業が、どのような考えをもってダイバーシティに取り組んでいるのかを簡単に紹介しています。自社においてD&Iの課題をどのように捉え、どのように取り組んでいくのかを考えるうえで、ぜひ参考にしてください。

＊

　本書に収録されたインタビューは、多岐にわたるポイントを含んでおり、様々な立場の読者にとって、気づきと学びの源泉となってくれるものです。

　それではさっそく、女性リーダーたちのインタビューに進みましょう。

I ロールモデル20

Leader's Profile 01 | 声に出しにくい人たちの言葉を拾っていきたい

株式会社 IHI

航空・宇宙・防衛事業領域生産センター生産企画部主幹

石原 さくら [いしはら さくら]

1976年生まれ。

2003年北海道大学大学院工学研究科物質工学専攻修士課程を修了し、石川島播磨重工業（IHI）に入社。

航空宇宙事業本部田無工場（東京都）に配属され、1年間現場での機械操作の実習後、同工場生産技術部へ配属。田無工場の移転に伴い2006年に相馬第二工場（福島県）へ移る。2009年に呉第二工場（広島県）へ異動し、2015年に同工場で管理職（主査）へ昇進。2021年まで技術者として航空エンジン部品の製造に携わる。

2021年より同工場生産管理部にて工場の業績管理を担当し、2022年に主幹へ昇進。

2023年より生産企画部（東京都）において航空エンジン部品工場全体の業績管理を担当。

企業情報

本　　　社：東京都江東区
従業員数：28,486名（グループ連結）
事業内容：機械
会社概要：当社は、1853年創業の石川島造船所の流れをくむ石川島重工業が播磨造船所と合併して「石川島播磨重工業株式会社」となった後、社名を「株式会社IHI」に変更して誕生した企業である。創業から170年以上、造船で培った技術をもとに事業を拡大し、総合重工業グループとして、資源・エネルギー、社会インフラ、産業機械、航空・宇宙の4つの事業領域を中心に様々な社会課題を解決してきた。「技術をもって社会の発展に貢献する」「人材こそが最大かつ唯一の財産である」という経営理念のもと、自然の脅威から人びとを守り、安心・安全で豊かに暮らせる社会「自然と技術が調和する社会」を創ることを目指している。

ダイバーシティ＆インクルージョンへの取組み

　IHI グループは、2021年11月に公表した「IHI グループの ESG 経営」におい
て、社会課題の解決に事業機会を見出すことを改めて表明しました。破壊的な
環境変化の中で社会課題はより一層複雑化しており、その解決にはこれまでの
固定観念や自分たちの枠を超えて、多様なステークホルダーと連携・協働する
ことが必要不可欠です。そのための土壌づくりとして、「グループ経営方針
2023」および「グループ人財戦略2023」でダイバーシティを重視する企業文化
を醸成することを表明し、トップのコミットメントのもと、「ダイバーシティ、
エクイティ＆インクルージョン（DE&I）」を推進しています。

　事業活動を通じて社会課題の解決を図り、人びとが安心・安全で豊かに暮ら
せる社会を実現するためには、社会を構成する生活者の実情やニーズをとらえ
られるように、多様な人財の視点を事業に取り入れる必要があります。また、
多様な人財のバックグラウンドや経験と個性が、組織に新しい視点をもたらし、
変革を進める原動力になると考えています。

　多様な人財が活躍できるために、一人一人の立場や生活環境・性別などの違
いを考慮した上で公平に機会が開かれ、それぞれの強みが生かされている環境
をつくり、多様性の力を価値創造につなげていきます。

　DE&I の推進の一環として、女性従業員一人一人がより一層活躍できるよう、
中核人財の採用と育成、管理職・経営層への登用、活躍推進のための環境整備
にそれぞれ目標を定め、取り組んでいます。育成の一環として、社外セミナー
への派遣などを通じた女性管理職のキャリア開発や上司による育成・コーチン
グを実施しています。また、内閣府「輝く女性の活躍を加速する男性リーダー
の会」行動宣言にも賛同しています。

　IHI グループは女性従業員の活躍を積極的に進めることで、あらゆる属性や
価値観を持つ多様な人財の活躍に波及させていきます。

インタビュー

母の思い込みに背中を押され、理系の道に

　私は生まれも育ちも北海道です。漠然と、理系の科目が得意だったので、大学は工学部に進学しました。国立大学は大学院への進学率が高いので、自分も進学。強い意志を持ってじゃないんですよ、常に。

　当時、私の周囲では、女の子は四年制の大学に進学しなくてもいいという価値観が、脈々と、あたり前のようにありました。私も「そんなにむずかしい大学行かなくていいよ」って、よく言われました。

　でも、働かないという選択肢、専業主婦になるというイメージは、中高校生のときからなかった気がします。働いてる人が、漠然と格好よく見えたんでしょうね。理系だというところもあったと思います。「お父さんが理系だから、たぶん理系なんじゃない？」とは、すごく小さい頃から言われていたんです。「うちの子はみんな数学が得意だと思う」と。理系といっても父は高卒でしたが、母は母なりに真剣に思っていたんでしょうね。そういう、何の根拠もない母の思い込みは、今は

すごくありがたかったと思います。

大学受験で、うっかり二浪。「何者でもない自分」に焦る

　私は、二浪しているんです。現役のときにすごく成績が伸びて、もし浪人したらもっと良い大学に入れるぞと思って浪人したら、うっかり全滅。女性で二浪する人は本当にいなくて、焦りましたね。肩書きがない不安定さをヒシヒシと感じたというか。勉強がつらかったというより、何者でもないことがつらかった。

　そこは結構、私の中で一つのターニングポイントでした。もう少し自分はできる人だと思っていたのが、劣等感と、人生ってこんなにうまくいかないんだと思った、強烈な経験だった気がします。

　大学、大学院に進学し、就職するときも、まあ工学部だしメーカーだよね、先輩がIHIに入社しているし受けてみるか、という感じでした。

　入社前に工場を見学させてもらいましたが、航空機にすごく興味があるとかでもなかったんです。エンジンの部品が並んでるだけで特に感慨深くもなく、工場より研究所がいいなあと思いながら入社したら、見学

したその工場に配属されました。

2003年入社の同期は約150人いて、120人ぐらいが技術系、そのうち女性はたったの4人でした。工場にも女性を配属していこうという動きが始まった頃で、私は第三号だったと思います。

失敗もしながら経験を重ね、管理職に昇進

当時、新入社員を工場の現場で実習させる取り組みがありました。技術職も現場の作業を知らないといけないということで、1年間、自分で機械を回して作業し、部品を製作するところもやらせてもらいました。

このときに、私が宇宙のロケット部品の加工ミスで廃却品を出してしまったんです。素材だけで何百万円もする部品です。操作ミス一つで、不適合品を出した作業者はこんな気持ちになるんだって、身をもって体感できたのは、あとから考えると、いい経験だったと思います。

2年目からは生産技術という、部品の製造工程を作るグループに異動し、2015年に主査（課長級の管理職）になりました。生産管理部という、初めて技術じゃない部署にいったのが2021年です。工場の業績を見たり管理するグループです。その1

年後に主幹（部長級）に昇進。2023年4月からは今の昭島事業所に異動して、初めて工場と名のつかないところで勤務しています。

「女の子」扱いされることへの葛藤

学生のときは、ジェンダーバランスなどに困ったことはありませんでした。女の子だとして、むしろチヤホヤされるほうが多かったので、ラッキーぐらいにしか思っていませんでした。自分のジェンダーを恨むなどの気持ちはなかったです。

会社に入ってからはいろいろ、思うところが多かったです。女性が少ないということで、やっぱりかわいがられはしたんだなと思います。現場では特に、年配の男性からよく気にかけてもらっていましたね。上司などから「女の子」という扱いを受けることに対しては、最初の頃はあまり気になりませんでしたけど、仕事を覚えていくのと反比例するようにして、気になっていきました。

生産技術は、現場とコミュニケーションをとりながら仕事をしていきますが、1年間の現場実習のおかげで、うまく進められていたんです。そんなときに、先輩から「みんな、さくらちゃんに甘いからいいよね、

すぐうまく流れていくよね」と言われました。私からすると、いや、段取りしてるので、という気持ちです。

そういう、女の子だからよかったねって片づけられてしまう話にカチンとくることが多かったですね。自分だからできること、自分だからできないこと、そういった良いことも悪いことも、すべてが性別に吸い取られていく感じがしていました。

「女性」ではなく 「チームリーダー」になれた

9年目にチームリーダーになってからは、ちょっと変わった気がします。女の子だからではなく、リーダーだから。そう感じられることが増えました。

仕事の情報量が変わるのも重要でした。上の方針や全体像がわかってくると、仕事のモチベーションも変わります。女性は男性よりそういう情報が入りにくいと思っているので、リーダーになると、情報の入り方が大きく変わるんですね。

周囲から頼られることも増え、技術者として、現場から困ったときに頼ってもらえていると感じられてきて、どんどん自分のモチベーションが上がっていきました。

やっと、自分の肩書きから「女

性」がとれた、という感じがしました。

工場系唯一の女性管理職に。 戸惑いや違和感も多かった

管理職になってから、私が工場系で唯一の女性管理職、という期間がずっと続きました。

管理職で女性一人になることについては、職種も変わりませんし、メンバーも知っているので、特に不安などはありませんでした。ただ、自分のポジション取りがわからなくて、1年目は悩みました。私の目線が部下や同僚というところに強くある一方で、そこと線が引かれたようで、急に孤独感を感じたんです。ちょうど仕事も忙しくて、いろいろつらかったなと思います。

同じタイミングで管理職に上がった人が工場にいなかったので、管理職24人中女性一人、しかも1年目の新任も私だけという状況です。発言力がないというか、すごく発言しにくいと思いました。何か違和感とかわからないことがあっても、声を上げにくかった。工場という場所柄か、脈々とピラミッドがある組織体系もあってか、発言力がある人が限られているというか。自分にはまだ発言権がないって、思い込んでいただけかもしれませんけど、そういう空気

を感じていました。

　管理職の仕事を一通り回せるようになって、乗り越えていきました。当時のチームに勢いがあり、人間関係が良好だったこともあります。仕事量は多くて残業もしていましたが、部下と一緒に戦っている感じがして、楽しかったんだと思います。

「私が管理職になってよかった」と思えた部下の言葉

　私の中で一番のターニングポイントになる、部下の言葉があります。

　たぶん3～4年ぐらい在籍している、技術的なことを担当している派遣社員の女性から、「石原さんが上司になってはじめて、自分の意見を言ってもいいんだって思えました」と言われたんです。衝撃的でした。

　ある程度年数も経っている方なので、技術的な内容について、これどう思う？　って聞ける人でした。でも、「今まで自分の意見なんて聞かれたことがない」と。リーダーの男性と正社員の男性がいる中で、派遣社員の女性という立場で、意見を聞かれることがなかったと。あっと思いました。私も、今までの会社生活の中で求めていたと思うんですよね。自分の意見を聞いてほしいのに、聞かれないことも多かったなと。それ

が無意識にあるから、その人にもちゃんと聞こうと思ったのかもしれないな、自分の経験がそういうふうなのかなと思ったんです。

　それは、私が管理職になって良かったと思った、一番の出来事です。自分の必要性をすごく感じられたんです。それまでは、他の人と比べて特に優れた点があったわけではないと思っていたのが、「あ、ここに意味があるんだ」という気になったんです。自分の管理職としてのやり方が、ここで決められた感じがしました。私がずっと感じていたような、自分の意見の言いにくさを感じてる人はたくさんいる。それを拾いにいくのが自分の役割なんじゃないかなと、今、強く思っています。

芽生えた昇進意欲と使命感

　そのときに、「あ、ちゃんと上に昇進しなきゃ」と思ったんです。それまでは、別に能力が高いわけでも、技術者としてすごく優れてるわけでもないし、まあ課長になれたんでいいです、ぐらいの気持ちだったのが、パチンと切り替わりました。私はいたほうがいいんだと思いました。

　それ以降も、かつての部下や後輩などから、管理職としてポジティブなフィードバックをもらうことがあ

って、そこでようやく、自分の自信につながった気がします。

異動で工場を離れることになったときに、部下だった人から個別でプレゼントをいただきました。その方も、社内で意見を言いにくいような背景があり、お世話になりました、のあと、「上に上がってくださいね」って言われたんです。「石原さん、頑張ってほしいです」と。本当に泣きそうになるぐらいの、ありがたい言葉をもらいました。

2023年から昭島事業所に入りましたが、ここは、誰も発言に躊躇しないというか、心理的安全性が高い環境なんです。だから、これを工場に持っていきたいと思っています。工場に一回、戻らないとなと。やはり全体を見られるところにもいってみたかったので、異動は良い機会だと思ったんですが、でも私のいるところは工場かなと、ちょっと思っているところです。そこのパワー関係でどうしても声が発せられない人が、やっぱりいると思うので。

評価されている意識も、自信もずっとなかった

2004年から2019年まで生産技術にいた中で、会社での評価はあまりよくなかった気がします。管理職昇進

のタイミングは平均的で、そこでほっとしている自分もいました。その反面、ちょっと「えっ」とも思いました。人より遅れていると見られるのもいやだと思いつつ、でも別に管理職になりたいわけではない、というか、前向きではありませんでした。自信はないけど断られないと。

選抜系の研修も、自分が選ばれるイメージがなかったので、推薦されたときは、私にもくるんだ、と思いました。部長級に昇進したときもそうです。評価されているという意識があまりなくて、平均の評価をもらって安堵するようなところがあるので、プラスの評価をもらうと嬉しくなっちゃうんですね。

「上より下を見ている」自分らしいリーダーシップを

管理職2年目で、まだできないことが多くて落ち込んでいた頃に、360度評価で上司からのフィードバックがあったんです。私の自己評価はとにかく低く、上司の評価も同じぐらい低かった。2日ぐらい喋る気が起きないほどショックでした。

上の立場から見たときに、頼りなさがあるんだろうと思います。

今はもう少しバランスを見られるようになってきましたが、それでも

最近、仕事の価値観に関するサーベイを受けてみたら、一般的な人に比べて、上司に向けている意識がすごく少なくて、逆に部下や同僚に対する思いのウエイトが高かったんです。ああ、変わらないなと思いました。もうちょっとバランスをと思う自分と、まあでもこれでもいいかと思う自分と。今後の課題というか、成長していきたいところです。

「女性の傾向」を知り、 自己肯定感が高まる

自己肯定感が高まったのは、本当にここ最近です。一つは知識です。女性は自己評価が低くなりがちという「インポスター症候群」を覚えて、あ、これ私だけの話じゃないんだと知ったことが大きいです。

管理職になったときに、『女性が管理職になったら読む本』という本を読んだんです。自分のモヤモヤの理由が、こういうことか！　ってわかりやすく書かれているので、管理職になるかならないかの女性に配って歩きたいぐらいだと思っています。

後輩の女性には、ジェンダーの 知識を持ってほしい

後輩の女性に何か伝えるなら、ジェンダー関係の知識は入れてほしいですね。

たとえば「女性として不利を感じたことがありますか？」というアンケートに、管理職になったばかりの女性が、「あまり感じないし、むしろ女性ということで盛り立ててもらったと思います」というふうに答えたりしています。

それはそれでいいのですが、自信につながらないと思うんです。随所に、「私は下駄を履かせてもらってここにいるんじゃないか」という意識があるんです、特に女性が少ない世界だと。真剣にそう思っている男性もいます。それで自分自身もそう思ってしまい、前に出にくくなってしまうんです。

だから、若いうちからこういった知識はあるに越したことはないと思っています。自分の考え方というか、癖や傾向を知るのも一つですし、そういうふうに見られがちなんだなという可能性を知っておくこと。それによって客観性も生まれてくると思います。自分の評価と、実際のアウトプットの評価との間には、ちょっと乖離があるかもしれない。その評価をさらに自分で低くすることはない。私自身もそうでしたが、意図的に低くしてしまいがちですから。そういう癖は多いと思うんです。

Leader's Profile 02 | ダイバーシティが未来を創る

イオン株式会社

ダイバーシティ推進室室長
兼経営人材・人事システムリーダー

江藤 悦子 ［えとう えつこ］

1967年生まれ。

新卒で小売業に入社し、店舗勤務、労働組合、店長、人事・教育、海外勤務などでキャリアを積み、35年目に入ろうしている。2001年、会社が倒産したことを機に、イオングループ入りした。会社が倒産するという経験はないに越したことはないが、企業が存続し続けることの重要性を実感し、従業員が一丸となって再建に挑むという機会を得たことは自身を成長させたと同時に、必死になればできないことはないという人と組織の持つパワーを目の当たりにした経験となった。この経験が、個人の力を信じ、活かしていく、人材育成や、現在のダイバーシティの推進という仕事にやりがいを感じ、あきらめずにやるという原動力になっている。

企業情報

本　　社：千葉県千葉市

従業員数：グループ従業員数 57万名

事業内容：小売

会社概要：イオン（AEON）はラテン語で「永遠」を意味し、お客さまへの貢献を永遠の使命に、その使命を果たす中でグループ自身が永遠に発展と繁栄を続けていくとの願いが込められている。お客さまの日々のくらしをサポートする小売事業を起点に、ディベロッパー、総合金融、サービス・専門店などの事業を展開し、それらを支える機能会社が有機的に連携しシナジーを創出する独自のビジネスモデルを構築。「お客さまを原点に平和を追求し、人間を尊重し、地域社会に貢献する」という基本理念のもと、絶えず革新し続ける企業集団として、「お客さま第一」を実践し、事業を通じて、お客さまの健やかで平和なくらしの永続を願い様々な取り組みを行う。

ダイバーシティ＆インクルージョンへの取組み

　イオンは人種や年齢、国籍、性別にとらわれず、意欲のある人が平等にチャレンジできる環境を整え、従業員一人ひとりの成長がお客さま満足を高めることのできる企業を目指しています。ダイバーシティ＆インクルージョン（D&I）の推進を社会的課題への対応だけではなく、経営戦略の一つとして捉え、多様な人材の能力を十分に活かし、常にお客さまのニーズに柔軟に応じる革新し続ける組織の実現を目指しています。グループ約70社にダイバーシティ推進責任者を配置し、自社の現状分析、課題解決に向けた目標設定を行い、地域に根ざし事業特性を活かした独自の活動に取り組むほか、グループ共通の活動にも参画しています。

　ダイバーシティ推進が生み出す従業員とその家族、お客さま、会社の三者の満足を"ダイ満足"と名付け、グループ共通のビジョンとしています。また、グループ企業のD&I推進の好事例を共有し表彰する"ダイ満足"アワードや、女性階層別研修や障がい者活躍研修等の多様な人材をエンパワーする"ダイ満足"カレッジをオンラインで開催しています。ダイバーシティ経営の実現を加速させるため、ダイバーシティ経営の意義、課題と取り組みの再確認のため、ダイバーシティ経営を目指すうえで欠かせない組織の意識改革や風土改革につながるようなテーマのオンラインセミナーシリーズ"ダイ満足"フォーラムを開催。2023年度は、経営層、管理職層、一般職層向けに「アンコンシャス・バイアス」の研修を実施しました。加えて、ともに働く部下のワークライフ・バランスと多様性を尊重し、育成しながら、組織の業績向上につなげる、組織マネジメントのキーパーソンとなる上司が「イオンのイクボス」となる取り組みも推進しています。

　多様な人材が活躍するうえでも重要な、女性活躍推進は、2013年5月、当社株主総会で、女性管理職比率を2020年度までに50％とする目標を発表しました。現在では、9000名を超える女性が管理職として活躍しています。さらに2030年の女性役員比率30％の達成に向け、一層のダイバーシティ推進に注力していきます。

インタビュー

女性店長第一号

　1989年に大学を卒業して総合スーパーマーケットのマイカル（当時のニチイ）に入社しました。当時、大卒女子の就職は本当に大変で、同級生の男子がいくつも内定を獲得していく中、なかなか就職が決まらず苦労をしました。また、結婚すると女性は結婚退職するのが普通という状況でしたので、ずっと働き続けられる仕事を探していて、小売業は女性が多く、活躍しているイメージがあったので選びました。学生時代の販売のアルバイト経験があったことも理由の一つでした。部活の合間に、家庭教師や販売、4年生のときには東京ディズニーランドでアルバイトをしていて、人と接する仕事が面白くて好きでした。

　配属された店舗の新入社員は、女性13人、男性5人と女性が多く、売り場の担当として、一から販売を学び、5年半売場で勤務をしました。

　2年目からは、組合活動をはじめ、未払い残業や労働条件、明確な男女の賃金格差、女性の登用に問題意識を持って楽しく活動をしていました。支部役員になったきっかけは、支部

役員の人に誘われたからで、軽い気持ちで引き受けました。それが、今につながる最初の一歩です。数年後、組合専従者にならないかと依頼されたのですが、それも女性の執行委員が組合専従役員20人中、一人だけだったので、増やしていきたいとのことで、8年間、労働組合で専従として執行委員を務めました。

　専従7年目の2001年9月、アメリカ同時多発テロ（9.11）のあった3日後にマイカルは経営破綻し、イオンの支援を受けて再建されることになりました。翌年、副店長として会社に帰任し、その4ヵ月後にはマイカル初の女性店長になりました。当時マイカルには女性の店長がいなかったことから、イオン側から女性の店長を出すように言われ、2人しかいない女性副店長のうちの一人であった私に声がかかったということでした。

　店長の内示を受けたときは、「やります」と迷わず返事をしました。自信はありませんでしたが、組合活動の場で、なぜ女性の活躍が進まないのかと議論してきましたので、自分にチャンスが巡ってきたときには、それを活かさなければと思っていました。

発令が出たときの周囲の反応は、ザワザワって感じでしたね。なんでと思った人は多かったと思います。着任後、初めての店長会議に出席したときは、「おはようございます」と言って会議室に入って挨拶をしても、だれも返事をしてくれず、口もきいてくれませんでした。

そんな中「頑張れよ」と言ってくれたのは、私を登用した事業本部長、組合時にお世話になった方々の４人だけでした。この４人はその後、上位職に登用され偉くなっていかれましたので、偉くなる人は器が違うと感じたことを記憶しています。

店長会議で不愉快に感じることはありましたが、週に１回だけのこと、我慢すればいい、いつも仕事をするお店のメンバーがわかってくれればいいと思うことにしました。

着任した店舗は、山梨県にありました。地方のお店の管理職は、店舗間を転勤する男性正社員が中心になりますが、売場の責任者や担当者は契約社員や地域限定で働く女性が活躍しており、女性同士一緒に頑張りました。

会社としては、初の女性店長をつぶすわけにはいかないので、上司は「困ったことはないか」と気にかけてくれ、営業担当役員からは「やってみたいことがあるならやったらい

い」と言ってもらいました。「こんなことをやってみます」と実行したことがすごくうまくいったときは、第一号になったご利益だと思いました。これまであまり注目されてこなかった店舗にスーパーバイザーの巡回が増えたり、本社から「困ったことがあったら言えよ」みたいに言ってもらえて、お店にとってはすごくプラスになりました。在任期間は２年でしたが、異動する前に、改装計画を実現できたことも良かったことの一つです。

２店舗目は島根県でした。１店舗目では地元テレビ、２店舗目のときは地方広報誌の取材を受けました。いかに女性店長が珍しい存在だったのかがわかるかと思います。

マレーシアで多様性を学ぶ

マイカルが正式にイオンと統合した2011年３月時には兵庫県で店長をしており、その後、ホールディングスであるイオン株式会社の人材育成部に異動になり、国内外のグループ企業に対する教育を担当しました。様々な会社の人と接する中で、日本とは全く違う環境で仕事をしてみたいと思うようになり、上司に「機会があったら海外に行かせてください」と言っていたところ、マレーシ

アの子会社に行けることになりました。現地では人事を担当し、４年目にゼネラルマネージャーになりました。日本人の女性では初めてでした。

マレーシアでは多様性を理解することの大切さを学びました。日本では「こうだよね」ということがだいたい通用しますが、マレーシアは多民族国家なので、それぞれの主張をきちんと聞いて、それにきちんと答えなければなりません。人種の構成比は、マレー系70％、中華系23％、インド系７％と、イスラム教を信仰するマレー系が圧倒的でした。日本は企業の中に宗教は持ち込まないところが多くありますが、マレーシアでは、イスラム教、仏教、ヒンドゥ教、キリスト教などの宗教を尊重しています。人事でしたので、従業員の葬儀に参列することがあり、その場合は、それぞれの宗教のしきたりに従いました。政府機関はマレー系が占め、数字に強い中華系はビジネスに長け、商売や金融に多く、インド系はIT企業での活躍が多くみられました。多様な従業員と働く経験は、日本ではできないのでとても面白かったです。

上司との関係に悩む

組織で目標を達成し、成果を上げるためには、自分は組織の一員として上司と同じ方向に向かって動くことが重要だと思っています。

マイカルのときの話ですが、本社でストアオペレーション部の部長に登用されました。人事部長からの異動でしたので仕事の中身がかなり異なっていたものの、私自身は前向きに受けとめていたのですが、上司は私を認めていませんでした。私はタバコを吸いませんが、タバコ部屋で仲間内で物事を決めたり、私がいないところで他の部長や私の部下の男性マネージャーと話を決めたりする人だったので、全くうまくいきませんでした。

そんな中でも、がむしゃらに仕事をしたような気がします。半年が経ったときに、その上司の上司が私のことをよく知る人に代わり（店長として着任したときに、頑張れと言ってくれた人）、「この仕事、江藤に向いてないだろう」と気づいてくれたのです。「わかりますか、私に向いていないんですよ」「じゃあ、どうする」「もう一度、店に戻してください」と頼み、店長に戻してもらいました。

仕事が合わないこともありましたが、やはり上司とうまくやれるかがすごく重要だと思いました。上司が何もさせてくれないとか、認めてく

れないと思っている方、結構いらっしゃると思います。自分が経験して、その気持ちを理解しました。

　苦しいときのストレス解消法は、社外の友人と遊びに行ったり、旅行に行くことでしょうか、会社以外に友だちがいることは大事です。

やりがいは
人の成長に役立つこと

　小売業は、地域に溶け込んで地域の人々に貢献し、その地域が発展すれば結果的に経済が潤うという、非常に広がりのある産業で、とてもやりがいがあります。私はどの部署を担当してもいやだと思ったことはありません。たとえば、人事は直接営業には携わりませんが、重要な事業を担う人材を育て管理する部署として、どうしたらこの人たちが生き生きと働けるかを考えることは結果的に会社に貢献して会社が成長することにつながります。

　私が大事にして実行してきたのは、人の力を活かすことでしょうか。命令するのは得意ではないので、どのように動機づけたらこの人が自主的に働いてくれるかなと考えています。3店舗で店長を経験しましたが、最後の店では、それがうまく回りました。売り場を回って従業員に声を掛

けていろいろ話をすると、従業員がすごく頑張ってくれて結果的に売上が上がりました。私は営業での経験があまりなかったので、商品や売り場づくり、マーケティングなどには強くありませんが、人に活躍してもらうことには貢献できたと思っています。

　利他というと大げさですが、誰かと一緒に何かをやり遂げると、それが結果的にみんなのためにいいという状態にしたいです。前面に立つよりもバックアッパー、支援者でいいかなと思っています。そのためには自分が成長しないと支援ができないので、リスキリングも必要です。

　ある人が何かに貢献できるよう、サポートすることに価値を見出しています。そういう意味では、ダイバーシティ推進は一人ひとりの従業員が活かされる組織にすることで確実に会社の成長につながると思うので、そこに貢献できることが今のやりがいです。

　直接的なやりがいは、組織の中でいろいろな人に会って、その人たちが成長している姿を目にしたり、「会社の活動を通じて成長できました」「こういうところが勉強になりました」と言ってもらったときに感じます。その人の成長に少しでも役に立てばいいなと思います。

女性の管理職比率を上げる

女性の活躍推進は法改正の後押しもあり、推進せざるをえない状況になりましたが、組合専従の頃から進んでいないというのが実感です。イオングループには約300の会社があります。できたての会社から50年の歴史がある会社まで、それぞれのステージで事業を展開・拡大するにはもっと多様な人材が活躍しないと生き残れません。いろいろな局面ごとで変化する環境に合わせて事業を変えていかなければならない、複雑で不確実な時代だからこそ、ダイバーシティが求められています。

現在、イオンでは2025年までに女性管理職比率50％を目標にしています。2022年度で26.4％なので、まずは30％まで、なんとかもっていきたいです。女性に管理職になってほしいと伝えたときに、「そんなことを言われても」とか「ちょっと無理です」と言われた場合、もう少し強く押さなければいけないかなと思っていますが、あまり言われるといやだという人もいますので、その人に合ったすすめ方を考えます。「女性を、というのは流行らないのではないですか」と言われることもあり、そうではないということを、いかに伝え

るかが大事です。

トップダウンとボトムアップで意識を変えていく一方で、数で捉えなければダメだと言っています。数の論理はとても重要で、ここをぼんやりさせていたことが、ずっと横ばいだった理由ではないかと思います。待っていたら上がらないから、絶対に上げる。それが実現できると違う文化が生まれるのではないかと思います。

ダメージを受けても前向きに先を見る

自己肯定感は低いと思います。だから勉強するし、小さな成功体験を自分で作っています。まだこういうところがダメだなと思っても、だから前に進まないとは思いません。与えられた新しい役割が少しむずかしくても、今からキャッチアップすればいいと前向きに捉えます。常に自信満々かというと全然そんなことはありません。悩みますし、ダメージを受けないわけではありません。瞬発的なダメージは受けますが、それをずっと引きずっていくことはないですね。ワークライフバランスについては、結婚もしていませんし、家庭との両立という苦労をしていないのであまり参考にはならないと思い

ます。

　後輩には、見えているものだけを見ないほうがいいと伝えたいです。

　自分に見えている世界だけで良い悪いを判断するのではなく、その次のその先の世界を見て、そこに何があるのか、自分は何ができるのかを考える、今の世界だけで、できないとか無理と決めてしまうのはもったいないです。大きく捉えると、こんなことはどうでもいいやと思えたり、待っていたら時間が解決してくれることはいっぱいあります。目先の仕事がいやではなくなったり、楽しくなったり、これってそういうふうにつながっているのだと思えたりします。目の前の苦労はたくさんあるけれど、それだけを見ると前に進めなくなるので、その先を違う目線で見ることが大事です。

感動したことと
おすすめの映画

　中学生のときの英語の教科書にノーベル平和賞を受賞したインドのマザー・テレサについての記載がありました。その活動に強い関心を持ち、27歳のときに、インドの教会でボランティアをするツアーに参加し、マザー・テレサに会うことができました。会えただけで感動しました。

　おすすめの映画は、NASAで働いている黒人の女性が主人公の『ドリーム』と、アナ・ハサウェイが主演した『マイインターン』です。後者は女性の若い起業家の社長が、70歳で入社した男性社員のアドバイスを受けながら成長する話です。

先輩から学び、
小さな一歩でも次に進める

　高校、大学の7年間は剣道部に所属していました。そのときは、なにくそと思うこともありましたが、先輩から多くのことを学びました。会社に入ってからも先輩から学ぶことがたくさんあって、自分も「たくさん学べました」といわれる先輩になれたらと思います。女性活躍推進も先輩が築いてきた道です。今の権利をあたり前のように言うけれど、先輩の努力があったからだということを忘れてはならないと思います。こういう考えを今の人は嫌うかもしれませんが、小さな一歩でもいいから次に進めていきましょう。自分に置き換えると、今の一歩が未来を創るということを意識してほしいです。今は大変でも、20年後の女性たちが、「あのときの人たちが頑張ってくれたから」と思ってくれるような足跡を残せたらいいなと思っています。

時の運・人の縁・天の声を
キャリア形成につなげる

エムスリー株式会社

取締役 監査等委員

江端 貴子 ［えばた たかこ］

1959年生まれ。
富士通で金融システムの開発担当。フルブライト奨学金を
得て留学。マッキンゼー社にて、IT、通信、ヘルスケアの
コンサルタント。アムジェン日本法人にて、取締役 CFO
兼マーケティング本部長。親の介護のため退職し、介護と
育児に専念。その後、東京大学にて学術企画調整室特任准
教授。2009年に衆議院議員に当選。予算委員会委員、財務
金融委員会理事、社会保障と税の一体改革特別委員会委員
などを務める。アステラス製薬、シンバイオ製薬の社外取
締役。民間に戻り、J&J日本法人グループ、日本マイク
ロソフト社にて政策渉外に従事。現在は、エムスリー社、
アルファパーチェス社、リガク社にて、社外取締役。MIT
経営大学院経営学修士（MS）。

企業情報

本　　　社：東京都港区

従業員数：連結10,533名、単体588名

事業内容：サービス

会社概要：「インターネットを活用し、健康で楽しく長生きする人を1人でも増やし、
不必要な医療コストを1円でも減らすこと」を事業目的に掲げ、現在世界17ヵ国、
全世界の医師1200万人の50％超にあたる約650万人のグローバル医師ネットワーク
を有する。インターネットというメディアの力を活かして医療の世界を変えるこ
とを目指し、国内における医師会員32万人以上が利用する医療従事者専門サイト
「m3.com」等の医療従事者のプラットフォームを中心に、製薬企業向けマーケテ
ィング支援、医療現場DX化支援、治験実施支援、キャリア支援等、様々なサー
ビスを国内外で展開。

ダイバーシティ＆インクルージョンへの取組み

　エムスリーは、多様な人材こそがエムスリーの強みの源泉であるとの考えから、すべての従業員が仕事にやりがいを感じ能力を最大限発揮できるよう、職場におけるダイバーシティ・インクルージョンを重要視しています。性別、年齢、国籍、人種、宗教、障害の有無にとらわれることなく、経験、専門性など、異なる背景や価値観を尊重し、違いに価値をみいだすことが、会社の持続的な成長につながると考えています。

　またダイバーシティ・インクルージョンの考え方は、エムスリーの創業当初からの行動規範の一つ「他のスタッフをプロフェッショナルとして尊重する」にも組み込まれています。エムスリーは医療の世界を変革し、何百万人という人々の健康にインパクトをもたらすことを目指していますが、この実現にあたり、現在の規模から組織を継続的に拡大することは必須です。加えて、単に組織を大きくするだけではなく、プロフェッショナルなチームメンバーが同じ目標に向かって有機的にチームを拡大することを重視しています。そのためには個々のスタッフが、お互いをプロフェッショナルとして尊重し合うことが不可欠であり、事あるごとに立ち返る行動規範にもそれが明記されています。

　さらに、人の生き方やキャリアの考え方が多様化した社会では、子育てや介護を優先した暮らし方をしたり、様々な目的や理由で在籍している会社を退職し、他企業へ就職したり、起業したり、といった選択は当たり前になっています。

　エムスリーの場合は、たとえば育児休業制度の利用では、女性のみならず男性の取得率も高いですが（約50%）、会社が育児休業の取得を敢えて促進する取り組みをせずとも、個々のメンバーが自分のキャリアやワークライフバランス等を踏まえ、自主的に判断し、その決断を組織としてサポートする風土が醸成されています。

　また、個々のキャリア形成やプライベートの優先順位が高まった人生のステージで卒業する人も少なくありませんが、そうして卒業したメンバーも、その後のステージで再度入社し、様々な形で活躍しています。優秀な人材が一度退職した後にまた仲間として一緒に働いてくれる、そうした場でこれからもあり続けたいと思っています。

インタビュー

男性ばかりのエンジニアの世界に飛び込む

新卒で富士通に入社しました。研究室と会社の間で採用の交渉があり、日立、IBM、富士通からお声が掛かりました。システム開発を希望していましたが、英語で仕事をすることに自信がなく、当時、日本のメーカーでコンピューターといえば富士通でしたから、富士通に決めました。IBMに追いつき追い越せという時代です。

私は、働く軸に「社会に貢献したい」という思いがずっとあり、銀行の金融システム開発を希望しました。富士通の花形事業で、営業もエンジニアも全員男性でしたが、人事部が金融端末事業部長にかけあってくれました。事業部長はそんなに言うならと受け入れてくれ、おまけに女性一人ではかわいそうとの配慮から、新卒女性2人が配属されました。

女性はまだまだビジネスの場ではマイノリティで、会社は、「大切なお嬢さんをお預かりしている」という感じでしたから、国内出張さえ許可がなかなか下りません。私は北海道にある銀行が担当だったので、出張しないわけにいきません。最終的には、男性の上司同伴ならという条件付きで行かせてもらえるようになりました。こんなふうに何事も手探りが多かったものの、交渉次第でなんとかなったように思います。

ソフトウェアエンジニアから経営コンサルタントへ

理系のキャリアを歩んでいましたが、上司である事業部長が、どういうわけか部長以上にしか回覧しない財務諸表を、回覧の最後に見せてくれていました。損益計算書は理解できましたが、貸借対照表やキャッシュフローはチンプンカンプン。システム開発における目標である効率化や合理化が、銀行の経営にどうつながるかもわかっていなかったことから、次第にこのままでいいのかなと思うようになり、ビジネススクールへの進学を考えました。

本格的にビジネスを学びたかったのでアメリカ留学を目指しました。もともと英語が得意ということではありませんでしたが、システム開発業務においても英語は必要と肌で感じ、同時通訳育成のスクールに4年間通ったのが役立ちました。通常の

英語スクールだと「お店で」「飛行場で」といったケースによる英語表現を学ぶため、ビジネスに使える英語、という視点から国際会議を教材としている同時通訳を選びました。

アメリカ留学を検討しているときに、富士通がアメリカのビジネススクールへの企業派遣を始めたことを知り、即座に部長に相談しました。部長は、その場で人事に電話をしてくれ、途中まではとんとん拍子に話が進んでいるように見えました。しかし、部長が「彼女はね」と言った途端、人事の態度がガラッと変わりました。定年まで働く気があるのか、エンジニアが２年間現場を離れると使えなくなると。今でこそ富士通は女性活躍先進企業ですが、当時はどの企業もそのような感じでした。

そこで自力でアメリカ留学を志すわけですが、留学には当然、お金がかかるので、フルブライト奨学金プログラムに応募することにしました。志望動機には、ITと経営をどう結びつけて考えたらいいかを学びたい、と書いて出しました。最終面接まで進むと面接官に、「経営×ITを学びたいなら、MIT経営大学院だ」と言われます。私はそこまで目指していなかったのですが、背中を押される気持ちでMITへ出願し、それが通ります。ビジネススクールへの

奨学生は３人、という狭き門でした。

この時点では、帰国後は富士通に戻るつもりでした。アメリカでは、ひどいときには一日カップラーメン１つ、という貧乏学生だったので、学生をリクルーティングに来るコンサルティング会社のホテルでの食事会に喜んで参加していました。そんな中、システムがわかるコンサルタントを探していたマッキンゼー＆カンパニーと出会い、一度、経営全般を見てみるのもいいかと考え、マッキンゼー＆カンパニーでお世話になることになります。

エンゲージメント・マネージャーとしての葛藤

はじめて管理職になったのは、マッキンゼーのとき、当時35歳でした。エンゲージメント・マネージャーという日本でいう課長職レベルの役職です。マッキンゼーには東大などから地頭のいい人たちが集まっており、私はインテリジェンスレベルが違うという劣等感がありましたが、マッキンゼーでは、アップ・オア・アウトといって、管理職を引き受けないのであれば、辞めるしかありません。管理職を受けないという選択肢はありませんでした。

知識レベルや斬新なアイデアでチ

ームを引っ張ることはできないので、どのようにチームを作っていったらいいのだろう、と悩みました。私は、カリスマ的に引っ張っていくタイプではなく、自身もこうしろ、ああしろと言われるのはいやなタイプ。自分で腹落ちしないとやらされ感が出てしまうと考え、チームメンバーと話し合って意見をまとめていくスタイルのリーダーを目指しました。部下の中には、もっと細かく指示してほしいとか、最初に方向を示してくれれば無駄にならなかったなどと言われることもありました。

コンサルタントとして自信をなくし、どうしたら自分のバリューが出せるのか、このまま続けていけるのかと悩んでいたときに、一つの案件に出会います。その案件では、ある新製品について市場に投入すべきか、という判断をするのがミッションでした。データによるバリュー評価では、投入すべきではない、が結論になります。しかし、その結論に至るまで、その製品のプロジェクトマネージャーとたくさんのディスカッションを重ねてきて、本当にデータによる評価のみでいいのか、データ以外の価値があるのではないか、と悩みました。私は最終結論を出す場で、データによる結論を伝えつつ、最後にプロジェクトマネージャーの話も

聞いてほしいと本社のCEOと日本法人の社長に訴えました。そのプロジェクトマネージャーは、自分に任せてもらえるなら、この製品を世の中に送り出したい、と熱い想いを伝え、セカンドチャンスが与えられたのです。その後、CEOが日本法人の社長に、「あのコンサルタントに礼を言え」とおっしゃったという話が会社に伝わり、上司や先輩が、今回のように自分の信じたことを共有すればいいんだよ、と声を掛けてくれました。落ちこぼれ寸前のコンサルタントになりつつあるときに自分のやり方を見つけることができたのです。

マッキンゼー東京支社初の ママ・コンサルタント

マッキンゼーでコンサルタントをしているときに結婚・妊娠しました。夫は、家事育児を一人でこなせる人でしたが、商社勤めで海外出張が多く、妊娠がわかったときに、実家に二世帯住宅を建て母と同居することにしました。母に育児をだいぶ助けてもらうことでキャリアと育児の両立はぎりぎり成り立っていました。妊娠中もハードに働き、「妊婦だから22時には帰っていいよ」という上司の言葉に喜んだことは、今では笑

い話です。

コンサルタントという業務は、プロジェクトがあってこその仕事です。産休育休で休んでしまうと、職場復帰したときに自分が熟知しているインダストリーのプロジェクトがあるとは限りません。そのような不安の中、出産前に担当していたクライアントが、「江端さんのためにプロジェクトを作るよ」と言って支援してくれました。育休中も連絡をくださり、安心して復帰できました。

母の介護でキャリア挫折

息子が小学校3年生のときに、育児を全面的に支援してくれていた母に介護が必要になってしまいました。当時、私はマッキンゼーを辞めて、アムジェンというバイオテクノロジー企業にて取締役 執行役員 CFO&マーケティング本部長を務めていました。介護なんて考えたこともなかったのでどうすればいいのかわからず、近所にあった介護事業所に相談に行きました。支援員には、介護保険制度では、家族が同居している場合は、身体介護（食事・入浴・排泄の介助）は受けられるけれど、生活援助（日常生活の支援）は受けられないと言われます。当時も女性参画が推し進められていましたが、女性

参画というには社会の仕組みは冷たい、と思ったものです。夫と母と話し合い、息子も翌年から学童がなくなるということで、結果、アムジェンを退職し介護・育児に専念することにしました。アムジェンのCEOが来日した際に、退任を申し訳ないと言うと、「人生の優先順位は、第一に健康、第二が家族、第三、第四がなくて、第五が仕事。介護が落ち着いたらまた戻ってきて」と言ってくれました。しかし、介護は育児と異なり、いつ終わるのか先が見えません。「キャリアは2年空くと環境も変わり、顧客などの人的ネットワークも切れてしまうのでゼロスタートになる」と言われています。私は二度とビジネスの場には戻れないんだ、と思っていました。

女性のキャリアとしては最先端を走っているつもりでしたが、こんなところに落とし穴があるとは思いもよらず、また、介護について何も知らなかったことにもショックを受けました。しかしこの経験が、のちに政治家を志すきっかけとなります。

社会の理不尽を変えたくて政治家に

介護のために仕事を辞めましたが、介護は四六時中、必要なわけではあ

りません。これまで仕事ばかりの人生で、昼間にテレビを見ることはありませんでしたが、はじめてドラマや国会中継を通しで見るようになりました。そして、「こんな理不尽な制度を誰が作ってるんだ！」と思った介護保険制度も国会で決めている、介護をしたこともないような人たちが決めている、ということに気づいたのです。

その国会の場に凛とした女性がいて、シングルマザー、ファザーの問題を説いていました。参議院議員の円より子さんです。円より子さんは、「女性のための政治スクール」を月１回、土曜日に開催し、政治や社会問題の勉強の場を提供していたので半日くらいなら外出してもいいかとそのスクールに通い始めます。

政治家を志してスクールに通ったわけではありませんが、あるとき、衆議院議員の公募を目にします。募集締切り日が２月末日で、２月28日にその公募を見つけました。応募するには小論文なども必要だったので、無理だなと思ったものの、その年が閏年で、あと１日あることがわかった瞬間、天が私に政治家への道を開いてくれたように感じました。そこから徹夜で小論文を書き上げて速達で送りました。そしてその応募が通るのですが、そのときは地方にしか

選挙区の空きがなく、母の介護で地方には行けなかったことから、立候補は見送りました。

それからしばらくして、母が亡くなります。それと同じタイミングで私が師事していた円より子さんが、党の東京都連合会の会長に就任されました。政治家への道が再び開かれたと思いました。夫は、「妻はこうでなくてはいけない」といった価値観のない人で、相談すると案の定、「やればいいんじゃない」という反応でした。義母はさすがに反対するかも、と思いましたが、衆議院議員の候補になるかもしれないと伝えると、「あらやっぱり。いつかそういう日が来ると思ってた」と言うのです。選挙事務所にも足しげく通い応援してくれました。

介護問題に取り組みたかったので、高齢者の多い豊島区で立候補しました。幸いにも最初の選挙で当選し、2009～2012年の３年間、衆議院議員を務めました。介護の問題を解決したく、党の介護制度改革部会に所属しましたが、何を変えようとしてもお金がかかります。一方の予算を増やすなら、一方の予算を減らせとなり、介護制度の改革は一筋縄ではいきません。そんな中、財務金融委員会理事に就任し、予算委員会の委員にもなりました。女性議員は厚生労

働や文部科学には比較的多くいますが、予算や財務金融にも女性が目を向け、シニアの男性議員だけで物事が決まることがないようにしなければなりません。介護制度改革、社会保障と税の一体改革、高等学校の授業料の無償化など、少しはお役に立てたかなと思っています。

時の運・人の縁・天の声

キャリアを振り返ると、「時の運・人の縁・天の声」で人生を歩んできたと思います。介護でキャリアを一度あきらめたときにも、東京大学副学長から、薬学がわかってコンサルティングもできる人ということでお声が掛かりました。留学から帰国した際には、ある通訳スクールの創立記念パーティーで、イギリスのマーガレット・サッチャー元首相とお話しをする機会を得ました。「日本人の女性でアメリカの大学院で勉強してきた人はほとんどいない。デモクラシーの国アメリカで学んだ経験をあなたのキャリアに活かしなさい」と言ってもらいました。そんなことも私の政治家への道を後押ししたかもしれません。

今は、インターネットを利用した医療関連サービスを提供するエムスリーで社外取締役を務めていますが、これも、マッキンゼー時代の人の縁でつながりました。

人は必ずどこかで見ていて、それが縁につながります。また、一生懸命やっていたら、チャンスが巡ってきます。だから、手を抜いてはいけないと思っています。もちろん、いつも100％で仕事ができるわけではありません。若い人たちには「大体このくらいの力でこのくらいできるという、自分自身のものさしをもって、そのものさしを広げていくといい」とアドバイスしています。

世の中には、自分がやりたいと思うことを最初から目指す人もいますが、私のようにその時々で選択・決断をしながらキャリアを築いていく人もいます。どちらに進むべきか、迷うときには、選択肢を広げるほうに行くことをおすすめします。道を狭めることは、あとからいくらでもできますから。

また、自分で自分に枠を作らないでほしいと思います。将来、子どもを産むからこれはできない、子どもがいるからこれはできない、といった相談を女性からよく受けます。誰ができないって決めたのでしょう。その状況にいよいよ近づいてから考えればいいのです。自分で自分を理解し、できる、と信用してあげてください。

Leader's Profile *04* | 学び探求し続けて、私らしいキャリアを切り開く

株式会社大林組

大阪本店プロジェクト推進第三部主任

山中 裕美子 ［やまなか ゆみこ］

1990年生まれ。
大学では建築設計と都市史を専攻、
大学院では都市史、近代建築史を専攻。
2015年大林組入社。
1年目で建築現場を経験し、その後都市開発系の部署である、大阪本店建築事業部プロジェクト推進第三部に配属。
再開発の推進業務やプロポーザル業務、エリアマネジメント業務などに従事している。
1級建築士。

企業情報

本　　社：東京都港区
従業員数：9,134名
事業内容：建設
会社概要：大林グループは、企業理念に掲げる「持続可能な社会の実現」のため、社会が変容する中、「地球・社会・人」と自らのサステナビリティ実現に向け、これまで培ってきた「ものづくり」の技術と知見を、今という時代に合わせ、新たな地平へと発展させ建設の枠にとらわれない成長を目指す。
〔事業内容〕国内外建設工事、地域開発・都市開発・その他建設に関する事業、およびこれらに関するエンジニアリング・マネジメント・コンサルティング業務の受託、不動産事業ほか

ダイバーシティ＆インクルージョンへの取組み

　大林グループは、基本理念に「事業に関わるすべての人を大切にする」ことを掲げ、企業を支えるのは社員一人ひとりの力であると考えています。多様性を受け入れ相互に尊重し合える企業風土の下、ESGのマテリアリティに「人材の確保と育成」「労働安全衛生の確保」を設定し、取り組みを進めてきました。「大林グループ中期経営計画2022」では人材マネジメント戦略を経営基盤戦略の一つに据え、「大林グループ人材マネジメント方針」を策定しました。この方針の下、仕事を通じた成長機会の提供や働きがいのある職場づくりを推進し、「個」と「組織」のパフォーマンス最大化による企業価値向上を目指します。

■ダイバーシティ＆インクルージョンの推進に向けて

「ダイバーシティ＆インクルージョン推進部」では、多様な人材の活躍と変化に前向きな組織基盤づくりを目指して、社員のウェルビーイングの実現と多様な考え方を受容する企業文化の醸成に取り組んでいます。全社員の意識改革に注力し、ダイバーシティ＆インクルージョン推進に向けた社長メッセージの配信、アンコンシャスバイアスなどをテーマとした各種研修や多様な社員に対応したオフィス改革を実施しています。

■女性の活躍推進

　大林組は、能力本位で男女を問わず活躍できるよう、社員の個性と能力を活かして働ける職場環境づくりに早くから取り組んできました。女性活躍推進法に基づく第二次行動計画の下、2024年度までに女性管理職比率を6.4%、技術系女性社員比率12%程度を目標にしています。また、経団連の「2030年30%へのチャレンジ」に賛同し、2030年までに役員に占める女性比率30%以上を目指しています。ライフステージ転換期サポートも視野に入れたキャリア支援を実施しているほか、理工系分野に興味がある女子学生を対象とした現場見学会の実施など次世代育成にも取り組んでいます。2022年10月には女性活躍推進法に基づく厚生労働大臣認定「えるぼし」3段階目（3つ星）を取得しました。

インタビュー

大林組への道
―学生時代の学びを仕事に

　大学では建築設計と都市史を、大学院では都市史、近代建築史を専攻し、建築の歴史や都市計画設計を学びました。学生時代は女性も男性も１対１の割合と、女性が少ないという環境ではなかったので、性差を意識することなく、のびのびと学ぶことができたと思います。学んでいくうちに、街のあり方や、街の特徴から、建物の用途や活用の方向性を定めていく分野に関わりたいと考えるようになっていきました。大学院の修士論文では、商業施設やショッピングモールの変遷に興味がありましたので、商業施設の歴史について書きました。今の仕事にもつながることがあると思います。

　就職活動では、不動産開発系を目指すとともに、建築系の業務にも携わりたかったので、その両方に関われる機会の多いゼネコンの開発部門を志望しました。スーパーゼネコンといわれる会社５社のうち、関西圏には２社があり、大林組のみを受けました。会社の雰囲気が自分に合っている気がしたからです。

私のキャリアストーリー

　入社１年目は現場監督を経験しました。現場は体力も必要ですので、肉体的には負担もありました。一方で、目の前で建物ができ上がっていくので、達成感も感じられました。

　現場では、職人の方も含めほとんどが男性です。そのため、環境が整っているかの不安はありました。ですが、私が入社する頃には、男女別のトイレや更衣室が用意されているなど、すでに現場の環境整備も配慮される時代になっていました。そのような環境でなかったら、日常生活の中でも男女の働きやすさの差を意識していたかもしれません。

　入社当時は、具体的にはやりたいことが描けていませんでしたが、上司と対話する中で、現在は市街地再開発事業の提案や事業推進、エリアマネジメント業務等に携わっています。直属の上司は、私の得意・不得意を冷静に見極めてくださる方です。話に筋も通っていて、とても信頼しています。その上司からは、相手に伝わりやすい、見てもらいやすい資料・提案書を作成することや、多様な人とカジュアルに接することを私

は得意としていると言ってもらっています。振り返れば、以前仕事で関わった70歳くらいの方から、「あなたとは"若い人"とか"女の子"とかではなく、一人の"人"として話せる」と言われたことがありました。上司から様々な成長の機会をいただき、現在のキャリアに到達していると思います。

自ら動く、相手を尊重し強みを活かす

　私のキャリア観に影響を与えたプロジェクトがあります。開発部門のプロジェクトでは、デベロッパーや設計、施工など様々な専門分野の方が関わります。そのようなプロジェクトで以前、個々の強みがうまく重なり合い、チームの最大効果が出せた経験をしました。その際に高い達成感を味わうことができましたが、その一番大きな理由として、関係者の利害が一致しない際も、プロジェクトリーダーが前進させるためにポジティブな雰囲気づくりをしていたことや、関係者に尊重し合う姿勢があったこと等があげられ、その結果、それぞれの強みが引き出せる環境になったと思います。

　私は今は自分に合った仕事のスタイルを探している段階ですが、そのスタイルに影響を与える経験でした。プロジェクトで学んだ感覚が大事だと思います。プロジェクトによって、前に進む空気感のときとそうではないときがあると感じています。前進させる空気感に変えられるような人になりたいです。

　リーダーシップと言えるかはわかりませんが、私の場合、前に立ってグイグイ引っ張るというよりは、ものごとが円滑に進むように全体を走り回っているイメージです。プロジェクトをスムーズに前進させることを目的に、まずは自ら動き、補うようにしています。自ら働きかけることで、周りの人もやる気になるような空気感を作りたいと思っています。また、ほかの方がスムーズに仕事をしやすくなるようにと心がけています。自分の意見を持ちつつも、人の意見も取り込める柔軟さも大切にしています。

感銘を受けた女性たちの寛容さと人間性

　私にとってのロールモデルは、同じ開発部門の赤松部長です。当社では副課長までは一定のリズムで昇格していきますが、課長昇格で一気にハードルが高くなります。赤松部長はキャリアを着実に積み重ねてこら

れた女性で、とても尊敬しています。いつも笑顔で、上下の立場関係なく、目線を合わせて話してくださる姿勢が素敵です。社員と話をしている姿も印象的でした。私もあんなふうに人と接することができるといいなと思います。

『今あなたに知ってもらいたいこと』というオノヨーコさんの本があります。女性に関することが多く書かれていますが、各章それぞれで人を受け入れる寛容さのようなものを感じ、温かい気持ちになれます。特に記憶に残っているのは「優越感ではなく、誇りを持つ」というフレーズです。最近、オノヨーコさんについて調べる機会がありました。多くは語らない方ですが、一言一言に、大変なことも乗り越えてきた経験の重みがあります。

夫婦で支え合い、共に歩む

昔から両親に女性だからという理由で行動を制限されたり、矯正されたりすることはありませんでした。弟もいますが、性別による扱いの差もなく、進学先も父から理系を進められました。これはキャリアを積んでいくうえで、自分自身を偏った目で見なかったことにつながっていると思います。両親とは「これからの

時代は、男性も女性もない」といった話もしていたように思います。

私自身は結婚して5年目になります。家庭でも男女で役割が変わることはありません。夫は一人暮らしが長かったこともあり料理が上手で、私が食材を切って夫が調理をするなど、得意なことは活かしつつ協力して家事をしています。共働きなので、お互いの負担が大きくならないよう、業務の繁忙度合いに応じて家事を分担するなど、柔軟性をもたせるようにしています。

私生活でお互いに無理をしない・させないことは、キャリアを積むうえで支えになっていると感じます。女性が家庭的役割を担ったうえで働くことが当然という風潮は、世の中的にまだ多少なりともあり、それは理不尽なことだと感じます。今は社会の構造が変わっているので、夫婦で一緒に育児をすることも当然という社会にならなければならないと思います。将来、子どもを授かったら、夫とは一緒に育児休業を取ろうと話しています。夫と一緒に育児をしていきたいと思います。

ワークとライフの充実が、私のやりがい・働きがい

やりがい・働きがいは、日々の業

務でいえば、業務の中での学びや、経験値が上がったと感じたとき、積み上げてきたことが成果につながり、一人ではできなかったであろうことをチームで達成したときに感じます。

　会社のために働きたいという想いが一層強まった出来事があります。最近、大阪本店の移転があり、それにあわせて、若手から中堅を中心とする「オフィス改革プロジェクト」チームが立ち上がりました。目的は、社員の声を拾いながら労働環境の見直しを自ら行うというものです。私も検討チームに参加させていただき、参加者でどう働きたいか、どうあるべきかを議論していきました。

　その中で、まず社員が楽しさを見出しながら働くことで、会社のファンを増やしていきたいという考えに行きつきました。そこで、「FUN&FAN」というコンセプトを掲げ、オフィスに落とし込んでいきました。実際にでき上がったオフィスにもその考えが感じられ、会社に対する感謝の気持ちが芽生えました。「会社が社員を大切にしている」と、より一層、会社への信頼感が高まり、働きがいを感じることができました。

　仕事以外の時間を十分楽しむことも働きがいにつながっています。今は、プライベートも充実させられる働き方ができていて、プライベート

で得た感覚を、仕事にも活かせると思っています。国内外を旅行することは、豊かな体験ができるので好きです。直近ではイタリアとポルトガルに行き、様々な文化に触れました。また、アクセサリーのような小物から家具まで、ものを自作することも好きです。オンとオフの気持ちの切り替えができることに加え、じっくりデザインを考えて作業に没頭することは気分転換になります。イメージしていたものが形になったときや、創作したアクセサリーを手にした人が喜んでくれたときは、とても嬉しい気持ちになります。

男女にとらわれない
働き方を

　上司とはキャリア形成の意思共有ができており、私が女性であるがために感じる課題はない状況です。もし、子育てという要素が生活に入ってくると、多少なりとも女性の負担が大きくなるのかなとも思います。ですが、社会的に子育てを両立して働きやすくなってきていますので、その波にうまく乗り、仕事と両立しキャリアを積んでいきたいと考えています。

　当社も女性活躍の風土が整いつつあると感じています。一方で、女性

は負担の少ないポジションに配置するなど、過度な配慮が見える部分もあります。これは、次のステップとして越えなくてはならない点であり、社員一人ひとりを見つめ、多様な人材の能力が活かされるといいと思います。また、男性だからハードな業務を担うということでもなく、それぞれの働き方への配慮については、男女問わず行われるべきで、働きやすい環境が整ってきているからこそ、さらによい職場環境が形成されればと思います。

冷静に向き合う、相談する

考え込んだり自信を失くしたりする瞬間はありますが、少しすると「考え込んでいても解決しない」と冷静さを取り戻して、前向きに考えるようにしています。人に相談すれば解決できそうなことは、すぐに相談します。簡単に解決できない場合は、自分の中で整理して、次につなげるよう心がけています。

当社には、働くうえでの相談もそれ以外の相談もできる「NOON」という大林組女性ネットワークがあります。悩んだときは、このようにフラットに相談できる場を活用していくのもよいと考えています。今は

私が「女性だから」という理由で悩んでいることはないので、NOONを利用していませんが、子育てが始まったら相談にいくかもしれません。

誰かに相談してみると、「考えすぎていたな」と思うこともあります。周囲から言われる「大したことないよ」の一言に、心が軽くなることもありました。第三者に相談することも大切だと思います。

趣味や経験に深みをもたせて視野を広げる

ストレス解消法はかなり豊富にあります。土日や休暇をフル活用して、興味のあることを行うようにしています。

たとえば、自然を見て長い時間の流れを感じることや、環境や文化の違いを感じられる場所を旅行することで、自分の視野が狭かったことを自覚できるようになります。ライフのほうで視野を広げられると、ワークのほうにも良い影響が出てきます。趣味も様々なものを楽しんでいますが、今後はより知識を蓄えて趣味に深みを出していきたいなと考えています。上司からも仕事以外の趣味や考えを聞く機会があり、そういったときに親近感が湧いています。

自己肯定感は高くはないと思いま

す。調子が良いときは自己肯定感も上がりますし、調子が下がると自己肯定感も下がります。ですが、冷静に考えると、何かしら成果を出すために自信は必要だと思えてきますので、「あのときできたから大丈夫」と過去の成功体験などをしっかり記憶しておいて自分を鼓舞し、自己肯定感を上げるようにしています。

自然体のままで自己肯定感が高かったらよいのですが、私はそういう性格ではないようです。経験を積むことで、自然と自己肯定感が高まっていくのだと思います。

キャリアは自ら開拓する

キャリア展望は、具体的なものはありませんが、まずはキャリアを積んでいきたいと考えています。今関わっている業務の熟度も上げたいです。いつかは海外で働くといった経験も積んでみたいと思っています。現場の仕事であれば海外勤務も多いですが、開発業務はイギリスやタイなど絞られます。数年くらい海外で勤務できたら、その経験を活かすことができますので、きっと豊かなキャリアになると思います。今回、インタビューを受けて言葉にしてみたら、より一層行きたい気持ちが強くなりました。

仕事では女性も男性も関係なく、実力が評価されるようになっていると思います。平等に評価されるということは、責任も課されます。女性だからという言い訳は通じません。後輩へのアドバイスというよりは、私自身もそうですが、より一層自分の実力を向上させていかなければならないと、日々感じています。

私は、まずはできることからと思い、入社後に宅地建物取引士と一級建築士の資格を取得しました。特に一級建築士の資格はしっかりと勉強をしないと取れない資格です。当時は、ご飯を食べるときと寝るとき以外は、お風呂の中も含めて隙間を見つけては勉強していました。学生のときなら勉強に専念できましたが、仕事をしながらの勉強は、正直「しんどいなぁ…」と思うこともありました。ですが、その結果、資格を取得できたことは、とても自信になりました。会社の中でもグローバルな動きを感じるので、次は英語力を高めたいと思っています。

また、他者に甘えていてはいけないと思った経験もありました。会社や上司が見てくれている、何かしてくれるという考えではなく、キャリアは自分で開拓していくという考えをもって、行動していきたいと考えています。

Leader's Profile
05 | 目標を口に出して チャンスをつかみ取る

カシオ計算機株式会社

時計BU商品企画部第一企画室リーダー
中村 あゆみ [なかむら あゆみ]

1978年生まれ。
不動産会社で営業事務として働いた後、専門学校にて資格を取得し動物病院で動物看護師として勤める。
その後、職場の統合があった影響により、美容機器商材を扱う営業職を経て、2004年より動物用医薬品メーカーの営業に携わる。
2007年にカシオ計算機のグループ会社に入社。
社内の公募制度を利用し、2012年より時計の商品企画部門に異動。
現在は女性向けウオッチの商品企画メンバーを束ねる。

企業情報

本　　社：東京都渋谷区
従業員数：9,732名（連結）
事業内容：電気機器
会社概要：1957年6月設立。主な事業内容は時計、電子辞書、電卓、電子楽器などのコンシューマ向け製品や、ハンディターミナル、電子レジスター、データプロジェクターなどのシステム機器の製造と販売。

ダイバーシティ＆インクルージョンへの取組み

　カシオ計算機は、「創造 貢献」の経営理念のもと、世の中に新しいニーズや価値を提供することで、社会貢献を実現することを目指しています。

　経営資源の中で最も重要なのは「人」であり、人・組織のパフォーマンス最大化を人材戦略の重点テーマと定め、その一環として、ダイバーシティ＆インクルージョンの取り組みを進めています。多様な価値観を受け入れ、互いを認め合い、全社員がやりがいを持って生き生きと働きながらイノベーションを創出できる環境・風土作りのため、さまざまな施策を実行しています。

　特に、女性従業員比率、女性管理職比率が少ないことを喫緊の課題ととらえ、「女性社員が能力を十分に発揮し、さらに活躍できる環境を構築すること」を目的に、女性のテーマに注力しております。具体的には、幹部候補の女性社員を対象に、管理職としてのマインド醸成や必要なスキルの習得を支援する幹部候補育成研修を実施しています。これに加え、メンター制度を取り入れ、豊富な知識と職業経験を有した先輩社員が、後輩社員に対してキャリアアップや仕事とプライベートの両立のための助言を行うことでキャリア形成の促進を図っています。この結果、女性の幹部社員数は2010年度の4名から2021年度には39名に増加しました。

　また、女性向け製品の企画・開発の場で活躍する人材を充実させるため、技術職希望の女子学生をターゲットとした理系女性セミナーを開催しているほか、インターンシップによる職場体験の機会も増やし、技術職への理解を深め入社意欲を高める活動を行っています。

　一方、女性に限らず多様な人材の確保という意味では、キャリア採用にも注力しており、キャリア採用者数は2017年の18名から、2022年度は89名となりました。また、全社に対してアンコンシャスバイアス研修も実施することで、多様性を重視した環境構築にも努めています。

　社員の働き方の面においては、時差勤務・在宅勤務や副業・兼業の制度化も行っており、柔軟性のある働き方ができる環境を整えています。

　さらに、性別に関係なく育児休暇の取得を推奨し、子育てと仕事の両立も支援するなど、ダイバーシティ＆インクルージョンの取り組みを強化しています。

インタビュー

学生の頃、犬を飼っていたこともあり、ずっと動物の役に立つ仕事がしたいと思っていました。しかしまだ若かった私は、「まずは一般企業に就職したほうがいい」という周囲の声に影響され、短期大学卒業後、不動産会社に就職しました。人にとって大切なものは衣・食・住であり、その中でも生活の中心となる住宅に携わりたいと思ったからです。

営業職を希望していましたが、女性で若いという理由で営業事務を担当することになりました。それから半年ほど経った頃「このままだとずっと事務のままで営業はできないのではないか。そもそも女性は資格がないと活躍できないのでは？」と焦りと不安を感じ始めました。

そしてちょうどそのタイミングで、まだ捨てきれなかった動物医療への想いが強くなり、その道を目指すために動物専門学校に通うことを決意しました。

念願の動物医療業界へ

専門学校で資格を取ったのち、学校付属の動物病院で看護師の仕事を始めました。しかし3年ほど勤務した頃に職場の統合があり、私が勤務

している動物病院は閉院を余儀なくされたのです。

それを機に他の動物病院への転職を考えましたが、猫アレルギーになってしまい、動物病院に勤めること自体が困難になりました。それでも動物業界に携わっていきたかった私は動物の製薬会社を探し始めたのですが、短期大学卒業という学歴が障壁になり、なかなか思うように就職活動が進みませんでした。

悩んだ結果、視点を変え、臨床現場の経験と営業実績を積んでから再度挑んでみようと、男女格差がないベンチャー企業に就職し美容商材の法人営業を始めました。

そこで1年間営業の修業をみっちりとして、希望していた動物の医療品会社に採用されたのです。

将来の不安から新たな道へ

ずっと興味のあった会社での毎日は楽しく、また営業と臨床現場での実績という自分の強みも存分に活かすことができ、とても充実した日々を過ごしていました。

しかし当時はまだ、女性は結婚や出産で会社を辞めていくという風潮が残っており、実際、自分と同じぐ

らいの年齢の人たちが次から次に結婚や出産で辞めていく姿を目の当たりにし、私もどこかで辞めなければならなくなるのではないかと、とても不安を感じていました。

　そこで、動物の事業に携わりたいという軸は変えずに、さらに女性の離職率が少ない会社という条件を追加し転職先を探し始めました。ちょうどカシオ計算機のグループ会社が動物病院に向けた商材の立ち上げメンバーを募集しており、これが現職場との出会いとなります。

未経験へのチャレンジから
リーダーへ

　新たな会社では薬のデータベースの編集等を獣医師とやりとりする企画営業で採用されましたが、しばらくするとその事業が整理統合されることになりました。

　今後について考えていたタイミングで、参加していたプロジェクトでお世話になっていたアドバイザーの方から「時計事業の商品企画で人員を探していてこれから社内公募が出るけれども興味ある？　向いていると思うからから業種にとらわれずやってみたらどう？」と声を掛けていただきました。

　それまでは一貫して動物医療の営業で職歴を重ねてきたのですが、自分自身がしたい、向いていると思う仕事だけではなく、周囲の方から向いているとすすめられる仕事をしてみてもいいかなと思ったのがきっかけで社内公募に応募し、現職に就くことになりました。

　営業職時代は法人営業が多く、コンシューマー商品にも挑戦してみたかったこと、またファッションや宝飾が大好きなので時計という品目自体に全く抵抗がなかったことなども挑戦への決め手となりました。

　異動後は女性向けの「SHEEN」というメタルのウオッチブランドを担当しました。それから４〜５年ほど経った頃に出産、育児休業を経て、復帰後には「G-SHOCK」の女性向けモデルの企画を任されることになりました。これまでは若い女性に向けた「BABY-G」の企画が中心でしたが、海外から「G-SHOCK」での女性向けモデルの強い要望が出てきて、女性向けを大きく伸ばすために2019年にリーダーを任命されました。若いメンバーを育てるということと事業規模を伸ばすという大きな責任を感じました。

リーダーになって

　40歳を過ぎてからリーダーになっ

たので、「やっと！」という気持ちが正直ありました。

ずっとメンバーをまとめる仕事がやりたいという思いがあったので、嬉しさと、意外な気持ちもありました。というのも開発部門は女性社員がとても少なく、その中でもリーダーを務めている人はごく一部なので、どこかで「自分はなれるわけないな」といつも感じていたのです。

私の学生時代は教育課程から男女別々で、家庭科は女性しかやらないといったようなジェンダーギャップがありました。もちろん就職後もそういったことを感じることは多々あり、キャリアとしても女性であることをネガティブに感じることもありました。同じ想いを後輩の女性たちにはさせたくないという気持ちが強くあったので、それにはやはり自分が上に行かないといけないとずっと思っていました。

先輩方が少しずつ改善してくださったものを、私が引き継いでさらに改善し、後輩たちにも引き継いでもらいたい。それをずっとつなげていくことが大切だと思っています。

夫や両親は
最大の理解者であり応援者

母は若い頃に独立経験があり、当時の話を幼い頃からよく聞いていました。結局事業は失敗してしまい、会社員に戻ったようですが、その行動力に感銘を受け、支えになっています。

母は今では専業主婦ですが、自分が仕事を辞めたあとの生活の変化なども教えてくれました。また、女性も主婦や母親といった役割だけでなく、自分としてのアイデンティティを持つことの大切さなどを話してくれました。その影響もあって、私は幼い頃から将来はずっと働きたいと思っていました。

また、子どもが生まれてからは、子育ては夫と私の両親にも協力してもらいながら、みんなでしてきました。そして、育休中から夫や両親とも話し合って職場復帰しましたので、比較的スムーズに仕事に戻ることができました。

育休復帰後は、時短勤務の制度も使わず、子どもの送り迎えに加え、出張などの長期不在時も、夫とお互いの仕事のスケジュールを調整して対応しています。

一人で仕事も家事も育児も完璧にこなすのは無理です。頼れるものは頼って、その時々にプランを立てながら無理をせずに仕事もプライベートもどちらも諦めないでいきたいと思います。

認め協力し合える同僚と、目標になる先輩たちとの出会い

私のキャリアに対する価値観に一番影響を与えた出会いは、ベンチャー企業勤務時代に知り合った人たちです。

上司も同僚も野心があって目標意識が高く、結果にこだわる人たちで、環境的には厳しい中で、みんなとがむしゃらに仕事をし、仕事のあとに食事に行き、果てしない夢をみんなで語り合う、そんな毎日を過ごすうちに、もっと上の立場で大きい仕事をしたいと思うようになりました。

美容系の仕事柄、女性経営者とも話す機会が多くあり、苦労をしながらも会社を築くまでの話に励まされ、さらに気持ちが強くなりました。

特に影響を受けたのが、直属の女性の部長です。とにかく常識に全くとらわれずにパワフルな方でした。鋼のように強いことばっかり言ったかと思えば、時々悲しい顔をしながら愚痴を言ったり、とても人間味があって、魅力的な女性でした。今でも目指しているのはその方なのかなと思っています。

それまでは社会に出て女性であることに不利益を被ったと感じることがあったのですが、この出会いを通じて、そんなの大したことないなと、自分が女性であることをネガティブに感じなくなった気がします。女性でいることを十分に楽しむことを教えてもらったからです。

私は随所随所に必ずそういったロールモデルになるような、自分に近い存在の女性がいたことで、先々の自分をイメージすることができました。とても恵まれていたのだと思います。

何でもできることが、リーダーではない

リーダーというと一人で指示を出して統率する、というイメージがあるかもしれませんが、私の場合は「やりたいことを実現するために協力してくれる人（それぞれの長所を活かして）を探して、まとめる人」だと思っています。

たとえば現職の商品企画ですと開発や営業など様々な部門の人たちと一緒に新商品のコンセプトを決めます。それからこういったものを作りましょう、となったときにはメンバーのやりたいこと、得意不得意や能力、情報量等を踏まえたうえで担当や役割を決めて、それぞれが最大限力を発揮できるようにまとめていく。それが私のリーダーシップです。

また、仕事において一番大事なものは、やはり思いやりだと思っています。

私は普段、つらい感情などは表に出さないので大抵の人は気がつかないようですが、稀に気がついてくれる人たちは、仕事の変化だけでなく私の小さな仕草の違いに目をとめ、さりげなく気持ちを持ち上げるようにフォローしてくれました。そんな思いやりや優しさをメンバーたちにも配りたいと思っています。

一人だと仕事はなかなか進めることはできません。私自身を振り返っても、この上司についていきたいと思えたのは、思いやりのある人だったからです。ぜひ私もそうなりたいと思っています。

次に向けて一人で悩み続けず、共感者と一緒に頑張ること

私は、悩んだりしたときに立ち止まることがあまり好きではありません。そこに立ち止まらず、シンプルに考えて、とにかく次のアクションを起こすようにしています。

動くことで次の課題がわかり、変化により自分の気持ちが変わることもあります。

どう動いたらいいかわからないときは一人で悩み続けるのではなく、上司や同僚や後輩、ママ友など様々な立場の人たちの意見を聞きながら自分の気持ちを整理するようにしています。同じような悩みを抱える仲間を見つけて一緒に頑張る。仲間がいると自分のモチベーションを上げることができ、傷ついた気持ちも癒してもらえます。

今、一緒に仕事をしている人たちはまさに私の共感者だと思います。

ワークライフバランスで大切なのは、バランスと優先順位

仕事で行き詰まったり、いやなことがあり落ち込んだときはプライベートで旅行に行ったり、キャンプに行ったり、また以前からネイルが好きだったので、ネイルサロンに行き仕事のことをとにかく考えない時間をつくるようにしています。

逆にプライベートでいやなことがあったときは、仕事に没頭します。とにかくずっと仕事のことを考え、いい仕事をすることに集中し、両方でバランスをとっています。

子どもができてからは残業があまりできなくなったり、子どもの急な病気で仕事ができなかったりと、時間は常に足りませんが、家では完全にオフモードで、子どもと一緒に早く寝るようにしました。子どもが子

どもでいる時間は短いので、今しかできない貴重な経験として、今の私にとっては一番大切な時間です。

商品を通して世界の女性たちの応援者になりたい

時計は人生の大切なシーンで購入することが多いものなので、時計企画の仕事を始めたときから、一生の思い出として大切にしてもらえるような時計を作りたいと思っていました。

私が今担当している「G-SHOCK」は "Absolute Toughness" がブランドのコンセプトです。それはまさしく今の時代、女性たちを応援できるワードだと確信しています。私自身、社会に出てから、女性というマイノリティの立場で戦ってきたこともあり、戦うというと大げさですが、同じように世界中の頑張る女性に少しでもパワーを、ブランドを通して届けられたらと思っています。

また、将来的には、国際女性デーのような女性のためのものに向けても、ブランドとして発信できることがあるのではないかなど、いろいろと考えています。

それは今、私がリーダーになって、女性に向けてブランドを総合的に見られるようになったからこそ、でき

ることであり、これから力を入れていきたいと思っています。

とにかく怖がらずに挑戦を

他人の目を気にするのではなくて、自分がやりたいことを自分らしくやっていくことが、仕事もプライベートも一番うまくいく秘訣だと思っています。そのために自分らしさを大事にしていってほしい。そしてどんなささやかな目標でもいいので、口に出してチャンスをつかんでほしいと思います。口に出すことで誰かが何か反応してくれたり、賛同してくれる人が集まってくれたりと次のアクションが自ずと決まっていくこともあります。

性別が壁になることもあるかもしれませんが、世の中には様々な人がいて様々な考え方があるのが、あたり前です。

一人で乗り越えられないことは、仲間をたくさんつくって、マンパワーで対応してほしいと思います。

私は、諦めずに、経験を重ねていろいろなことに挑戦し、失敗しても次があるという気持ちで乗り越えることができてきたので、誰にでもできると思います。女性一人ひとりが少しずつでも自分らしく頑張れる社会にしていきたいですね。

Leader's Profile

06 今いる場所で輝いて

北野建設株式会社

土木事業本部課長

吉澤 優希 [よしざわ ゆき]

1985年生まれ。長野県長野市出身。
2008年、東京の大学を卒業後、北野建設東京本社に一般事務職として入社。配属先は建築部工務課。現場のサポート業務を経験。
2013年に土木営業部へ異動。土木営業事務および土木営業を経験。
2015年、出産のため育休を1年間取得。
2021年4月、子どもの小学校進学のタイミングで地元である長野本社へ転勤し土木事業本部の統括事務と営業を担当。
所属部署以外では、2021年5月にD&I推進の活動をするために女性活躍政策部会（愛称：える会）を発足。女性活躍推進および男性育休取得促進に取り組んでいる。働くママの悩みに自身で寄り添いたいと2022年3月に保育士の資格を取得。

企業情報

本　　社：長野県長野市

従業員数：560名

事業内容：建設

会社概要：1946年に長野県長野市で設立後、「顧客からの信頼を第一義に考え、高品質・高付加価値なものづくりに徹し、社会の期待に応え、ともに発展する」を経営理念に掲げ、丁寧なものづくりでお客様からの信頼に応えてきた。創業と同時に東京へも拠点を展開し、国際進出にも取り組み、海外におけるプロジェクトの実績は40ヵ国以上に及ぶ。今後も、企画・提案から設計・施工・保守メンテナンスに至るまで、人々が快適に安心して過ごせる環境を提供することを社会的使命と考え事業を継続、展開。

ダイバーシティ＆インクルージョンへの取組み

　北野建設は、創業以来「企業は人なり」を標榜し、「未来を育てる人がいる」をコーポレートステートメントに掲げ、「人財（人材）はバランスシートに表せない資産である」との精神を重んじ、人材育成に力を注いできました。

　他業種に比べ女性社員の割合が低いと言われている建設業界ですが、当社は2023年3月期の女性採用割合が29.8%（前年比8.2ポイント増）となりました。

　当社の具体的な取り組みについてご紹介いたします。

1．制度

　多様な働き方・人材に対応すべく、ひとりひとりが自分に合った働き方を選べる柔軟な働き方の制度を整えています。企業主導型保育園開設、小学校卒業まで短時間勤務延長、スライド勤務制度などによって働きやすい職場を実現するだけでなく、男性育児休暇取得も推進しており、昨年度は全取得対象男性社員の34.3%が育休を取得しています。また、多様な働き方を実現するために、コミュニケーションツールを導入し効率的な情報共有手段を整え、さらにはリモートワーク環境の整備も実施しています。

2．組織

　働きやすい職場環境の実現や更なる女性社員の活躍を目指して、技術系社員中心の"北野こまち会"、内勤社員中心の"女性活躍政策部会"（愛称：える会）が活動しています。また、当社は女性活躍推進の状況が優良な企業として、厚生労働大臣による認定「えるぼし（2段階目）」を2020年に取得し、今年度まで継続認定されています。今後も多様化する社会に則し、働きやすい職場づくりを推進します。

3．文化の育成

　2023年3月「世界国際女性デー」にちなみ、女性活躍政策部会（える会）が主導となり、初のD&I推進の社内イベントを開催しました。北野社長はじめ、執行役員全員と北野こまち会メンバーが一堂に会し、当社のD&I推進の方向性を皆で確認し合いました。今まではそれぞれの目の前にある課題に対し各部会にて活動を行っていましたが、このイベントを通し「共にD&I推進をしている仲間なんだ」という意識が芽生えたと感じます。今後も様々な活動を通し、D&I推進を全社員が「自分事」と捉え、より良い風土醸成に繋がるように取り組んでいきます。

56

インタビュー

東京の大学に進学しましたが、就職活動時は漠然と「いつかは地元の長野に帰るだろうな」と考えていました。そのとき真っ先に思い浮かんだのが北野建設です。実家が長野本社の近くにあり、家を建ててもらったこと、「北野文芸座」という文化施設に親近感があったこと、通学路であった国宝善光寺の修繕工事を長期間にわたり行っていたなど、自分の生活に自然と北野建設がありました。どのような業務をするかは知らないけれど安心感があり、信頼できる会社でした。

時代の変化とともに 社内の状況が大きく変わった

大学卒業後、東京本社に一般事務職として入社しました。入社後、5年目まで建築部工務課という建築現場をサポートする部署で業務を行いました。その後、土木事業本部に異動し、土木の官庁営業の事務業務に携わりました。1年ほどの育児休業を経て仕事に復帰しましたが、育児と仕事の両立の疲れか、3ヵ月間の休職を経験するなど、育児と仕事の両立へのチャレンジは平坦な道のりではなかったと感じます。

10年目となる節目に今後の自分の働き方を考えたときに業務の幅を広げたいという思いから、一般事務職から総合職へのコース転換試験を受けて総合職になりました。総合職になったことで以前からの希望であった営業職の業務にチャレンジすることもできました。当時、社内には女性の営業職はいなかったため、育児との両立に不安がありましたが、常に上司に自分の状況を話すことを心がけることで、上司も理解してくれていると感じていました。ただ、子どもの発熱などによる急なお迎えや、残業が想定できたので、両立可能な居住地の選択をし、保育園選びを通じて自分自身で環境を整え、乗り越えてきました。私が総合職になった2年後に一般事務職が廃止され、「全社員が総合職」となりました。当時、その状況に戸惑う後輩が多くいましたが、コース転属の経験を活かし、後輩たちのフォローができたのは嬉しかったです。

大きな転機 ―小1の壁を乗り越えるために

入社14年目の春、子どもが小学生になるタイミングで長野本社に転勤

をしました。このまま東京の小学校に入学させても「小１の壁」にぶつかることは目に見えていたからです。小学校に入学した途端、早朝保育や延長保育などはなくなり「放課後学童クラブ」を利用したとしても、圧倒的に仕事と子育ての両立がむずかしくなります。私は実家が遠方でしたのでサポートしてくれる人もいませんでした。

転勤することはとても不安でしたが、働き続けるために両立できる環境を作りたいという想いのほうが強かったです。実は育児休業からの復職後、総合評価には毎回「小学校入学と同時に長野本社転勤希望」と書いていたので、上司の理解がすでにあり、スムーズに転勤することができました。このようにワークライフマネジメントをしっかりとして、早い段階から会社にきちんと伝えることは自分のためだけでなく、会社にとっても大事だと感じました。

長野本社へ転勤するタイミングで昇格試験を受ける機会があり、初級管理職である主任となりました。そして2023年４月からは課長となりました。女性活躍の調査で「管理職に対する抵抗がある」とよく耳にしますが、私にはその抵抗感はありませんでした。むしろ、新卒で入社してから10年以上勤務していますし、い

ろいろな経験をさせてもらっていることから、次のステップに進んで自身を成長させたいと思っていました。社内には事務職が管理職になる決まった道筋がなく、どうすれば会社に貢献できるのかを模索したり、上司にアドバイスを受けたり、いろいろとチャレンジしてきました。準備万端で挑んだ昇格試験では、とても緊張したことを覚えています。

キャリアに影響を与えた両親の姿、ママ友たちとの出会い

実家は自営業で１階は店舗兼工場、家族は２階で暮らしていました。私は共に働く両親の姿を間近に見ながら、時にはパートさんにも育ててもらったことから、育児は助けてもらいながらするものという考えが自然と根づきました。地元長野に帰ってきてからは、日々両親にサポートしてもらい、育児も仕事も思いっきり取り組めており、まさに自分の理想とする形の両立ができています。両親は現役で仕事をしていますので、負担をかけてしまっているなと感じることもありますが、ごく自然にフォローしてくれて、さらに「頑張って！」と背中を押してくれています。とても感謝しています。

ママ友たちとの出会いも大きく影

響を与えてくれたと思います。東京時代に住んでいた地域は様々な仕事でキャリアを築く女性がたくさんいて、あたり前のように仕事と子育て、プライベートを思いっきり楽しんでいました。そんなママ友たちと過ごす中で、「子育てを理由に仕事に限界をつくらない」こと、あたり前に人を思い助け合うことを学びました。今振り返ると当時の生活は時間との戦いで大変ハードなものでしたが、常に気持ちはポジティブでしたし、なにより「子どもと共に成長したい！」という気持ちで乗り越えることができました。

　もともとの自分の性格は自信がなく、周りの目を気にしたり、チャレンジする前から「自分になんてできるわけがない」と諦めたりと、ネガティブな面が多かったのが、仕事やプライベートで様々な経験を積み、ママ友たちとの出会いもあり、自分を認めることが増えて少しずつ自己肯定感も高くなったと感じます。

女性であること

　建設業はまだまだ女性は少なく他業種と比べて女性活躍推進は遅れていると感じています。入社当時は男女の仕事内容がはっきりと分かれていました。数年前に全員が総合職に

なりましたが、そのあたりから徐々に男女関係なく仕事を任せてもらえる、チャレンジできる職場環境に変化してきたと感じます。

　「管理職＝男性」というアンコンシャスバイアスの中で、若かりし頃の私はキャリアデザインなど考えたことがありませんでした。そんな中、たとえばある日突然「これからは女性活躍推進の時代だから、さぁキャリアをデザインしてください」と言われても、チャンスどころか苦痛に感じる人だっているかもしれません。女性活躍推進があたり前となってきている中、若手社員のうちからキャリアをデザインすることの大切さを感じています。D&I推進の活動を引っ張る私にもまだ〝男性だから〟というアンコンシャスバイアスがありますので、男女関係なくキャリア形成を考える社内風土は「全社員の課題」であると考えます。

後輩たちのために
自分の経験を活かす

　当社初のD&I推進活動を目的とする女性活躍政策部会（愛称：える会）が2020年5月に発足しました。この部会の発足は会社の指示によるものではなく、自分自身が経験した、復職後の孤独や両立の悩みやキャリ

アアップしたくても道筋が見えないことによる不安や焦りなどの悩みを後輩たちには抱えさせたくないという想いで発足させました。D&Iを推進することは目的ではなく、本当に必要だと考えて立ち上げたからこそ、一つひとつの取組みに思いを込めて、様々なことで悩んでいる人に寄り添える活動を継続していきたいと思います。

　発足2年後の2023年3月には「北野こまちEXPO」というD&I推進の社内イベントを成功させることができ、目標の一つが叶えられました。発足前は日々働く中で、会社をより良くできるアイデアや社員のためにやったほうがよいと感じることがあっても、発信する場がなく諦めていました。しかし「える会」という場で発信ができるようになり、プレッシャーはありますが、発言にも行動にも責任を持ち、後輩たちだけでなく全社員が働きやすい職場環境形成のために粘り強く活動を続けています。

　このような小さな意見を受けとめて、チャレンジさせてくださった北野社長には大変感謝しています。

「共に考える」リーダーシップ

　社内で「女性の働き方について取り組むなんて」というネガティブな声も聞こえる中で始めた「える会」の活動は、実際にやってみたら楽しいものでした。しかし所属部署の業務がしっかりとある中で、時間のやりくりには苦労しています。さらに私は"人事業務経験ゼロ"ですので、D&I推進の活動はすべて個人的に勉強するところから始めています。発足して3年が経った2023年度は活動に賛同してくれるメンバーが増え、11人となりました。最近は役員や社員から声を掛けてもらうことも増え、活動が浸透してきたことを実感しています。

　現在の所属部署である土木事業本部では統括事務という立場で、部下2人と業務にあたっています。私は管理職になるまで、リーダーシップという言葉が意味するところの経験がありませんでしたが、管理職になったと同時に部下ができて、教育および評価をする立場になりました。最初は初めての転勤で環境に慣れず、さらに経験したことのない業務ばかりで正直教育するどころではありませんでした。そんな中で、「教育しなきゃ！」と思うときっと切羽詰まるだろうから「わからないことは一緒に考えよう！」というスタンスに切り替えようと思いました。その根底には私の理想とする上司像があり

60

ました。指導や指示をされるのは好きではありませんし、抵抗感があります。そして後輩のほうが柔軟で良いアイデアを持っていたりしますので、今も「共に考える」ことを心がけています。

悩みは翌日まで引きずらない

とてもシンプルですが、もし悩みを抱えたときは早めに解決させることを心がけています。①どうして悩んだのか？　②どうすればよかったのか？　③これからはどのようにしていくか？　というように悩み自体をステップアップとして捉え、翌日には引きずりません。もともとネガティブな性格なので悩めばすぐに深く悩んでしまう面があるからこそ生み出した自己流の対策です。

なるべく悩みをつくらないようにする努力も必要です。たとえば、事務の業務にはマニュアルが多く存在します。そのマニュアルどおりに処理することはミスを防ぐ観点ではとても大切ですが、もしその過程でトラブルが起きたときはどうすればいいでしょうか。マニュアルどおりにとばかり考えているときっと思考が停止してしまいます。まずはその業務の本当の目的、つまり本質を理解することが大切です。そうすればマ

ニュアルに縛られてフリーズすることがなくなります。視野も広くなりますので、もしかしたら従来より良い方法が見つかるかもしれません。

仕事に対する価値観の変化

人生一度きりですのでやってみたいことはたくさんあります。所属部署である土木は、生活をより快適にしたり、災害の多い日本では防災および災害復旧のように命を守ったりする工事など社会インフラ整備の大きな使命があります。私は技術者ではありませんので直接工事に携わることはできませんが、せっかく建設業に籍を置いていますので、自分が得意とすることで「建設業の魅力」を発信し、社会に貢献できるような取組みをしたいと考えています。最近は施工中の現場近隣小学校と共同プロジェクトを企画提案し、現場見学会を開催したり、小学校からの依頼で子どもたちに工事の説明をしたり、キャリア教育の一環として建設業の仕事についてもお話しさせていただきました。建設業の課題である将来の担い手確保へ向けて、この活動を通して子どもたちに少しでも建設業に興味を持ってもらえれば嬉しいです。

価値観は年々変化しています。入

社してから子どもが幼い頃までは、「様々なことを経験して自分自身を成長させたい」と思っていました。管理職になり部下ができて、子どもも成長してきたことで価値観はガラッと変化したと感じます。今は様々な経験により自身のスキルを上げて、社会に貢献したいです。それにより自分の人生も彩り豊かなものにしたいと思っています。仕事とは自分の人生の一部だから、仕事もいかに自分らしく充実させて、人生を豊かにできるかだと考えます。大切な部下にも、そして子どもにもそういう人生を送ってほしいと思います。たった一度の人生の中での仕事ですから、すべてを"やらされている"というのはもったいないです。

今いる場所で輝いてほしい

目の前にあるものを一つずつ経験していけば、むずかしくてできないと思っていたこともできるようになります。自分にしかない新しい発想が生まれたりもします。そうしていくうちに仕事はもっと楽しくなります。みなさんには、できるだけ早い時期から自分としっかり向き合って、小さなことで十分ですので自分の武器となるものを一つでも多く身につけ、強みと自信を積み重ねてほしい

と思います。

入社5年後に土木事業本部へ異動と伝えられ、動揺していた私は「今いる場所で輝け！」という言葉を元上司からいただきました。異動したからといってキャリアがリセットされたわけではないのだと気持ちが軽くなり「新たに自分が置かれた環境でまたチャレンジしてみよう！」と一歩踏み出すことができました。

よく後輩たちに言っていることですが、自分の人生ですからキャリアデザインをしっかりしてほしい。キャリアデザインは決してキャリアアップがすべてではありません。たとえば性格がリーダーシップとはほど遠いから管理職に向いていないというのであれば、縁の下の力持ちのプロフェッショナルを目指せばいい。そしてそれを上司がきちんと理解してあげることが大切です。

ひと昔前だとキャリアには一つのレールしかありませんでしたが、これからは働き方も多様な時代です。それぞれが価値観やライフスタイルに基づいた希望や目標に挑戦し、会社はそれが実現できる社内風土を醸成していくことが理想だと思います。ぜひ怖がらずに伝えてほしい。私のキャリアもこれからです。仕事もプライベートも様々な経験を積んで、たった一度の人生を楽しみましょう！

Leader's
Profile

07 | 実現したいことを まずは言語化する

キリンホールディングス株式会社

R&D本部飲料未来研究所主査

森下 あい子 ［もりした あいこ］

1981年生まれ。
2005年キリンビール入社。品質保証部門を経て、2010年よりキリン社酒類技術研究所（現キリンホールディングス飲料未来研究所）に配属。第二子の産休・育休から復帰した2015年より、自らの提案によって「糖質ゼロ・ビールの開発」がスタート。発泡酒や第3のビールと比べて、ビールは製造における制約が大きく、「糖質ゼロ・ビール」は不可能とされていたが、5年もの歳月をかけ、ついに実現。2020年に、日本初の糖質ゼロ缶ビールとして「一番搾り糖質ゼロ」が誕生した。発売から約2年で販売数量は累計3.5億本（350ml換算）を突破し、大ヒット商品となった。2021年に管理職へ昇進。メンバーとともに、飲料の新しい未来を切り拓くべく、日々邁進する。

企業情報

本　　社：東京都中野区

従業員数：30,538名（キリンホールディングス連結従業員数）

事業内容：食料品

会社概要：「自然と人を見つめるものづくりで、『食と健康』の新たなよろこびを広げ、こころ豊かな社会の実現に貢献します」を経営理念とする。祖業のビール事業で培ってきた「発酵・バイオテクノロジー」をコア技術として、「食・医・ヘルスサイエンス」の3つの領域において国内外で事業を展開し、グループ企業数は178社。国内ではいち早く「CSV」を経営の根幹に据え、グループが展開する事業活動を通じて社会課題の解決に取り組み、社会的価値を生み出すと同時に経済的価値創出を目指す。食領域における国内事業の代表商品としては、キリンビールの「一番搾り」「本麒麟」、キリンビバレッジの「午後の紅茶」「生茶」などがある。

ダイバーシティ＆インクルージョンへの取組み

　当社では、2006年に本格的に女性活躍・多様性推進を開始しました。現在は多様な人財が最大限の能力を発揮できる環境を整備し、イノベーションを加速させるため策定した「キリングループ多様性推進プラン」を基に取組んでいます。主な取り組みは下記のとおりです。

■社員の声を基にした制度設計（2009年〜）

　社員の声を基にした制度設計を通じ、以前よりキリングループ多様性推進プランで柱の一つに掲げる“Equity＝公平性／多様な人財の活躍を阻む障壁を解消すること”を実現しています。直近では、子育てや介護中の従業員が、遠隔地からの勤務を行うことを認める「遠隔地勤務制度」を開始しました。

■意思決定層多様化を目指した女性の育成方針「早回しのキャリア形成」（2013年〜）

　女性の育成方針として「早回しのキャリア形成」を掲げ取り組んでいます。全社的に、性別問わず適性がある方を早期抜擢する仕組みはありますが、特に女性は入社後早い時期から難しい業務経験を積み、仕事の面白さや成長を実感できるよう環境を整えています。当社は女性のほうが育休を長く取得する傾向にあり、その間、男性と比較すると業務上の経験値で差が出てしまいます。その差異をなくし、結果的に性別問わずリーダーシップが発揮できる組織風土への改革、さらなる意思決定層の多様化を進めています。

■「なりキリンママ・パパ」の展開（2019年〜）

　1ヵ月間、ママ・パパ等になりきって時間の制約や突発事態への対応などを模擬体験する研修を展開しています。誰もが参加でき、時間制約のある働き方を体験することで、労働時間削減やチームワーク醸成など様々な効果が確認されています。男性社員の家事／育児参画も拡大しつつあります。また、本取り組みはグループ内にとどまらず、自治体やお得意先でもご利用いただき、社会課題の解決支援としても活用いただいています。

■「違いを力に変える」多様性推進（2019年〜）

　一人ひとりの属性や価値観・視点の違いを認め合い、価値創造に活かす職場・組織づくりのため、リーダー支援策や国内全従業員向け多様性推進研修を展開しています。従業員が能力を最大限に発揮し、共創することで、社会・お客様へ新たな価値やよろこびをお届けしてまいります。

インタビュー

入社してから現在までの歩み

新卒でキリンビールに入社しました。大学に入学した際に、初めて一人暮らしを経験したのですが、当時慣れない一人暮らしで寂しい思いをしており、友人と過ごすときが私にとっての癒しの時間でした。そんな中、お酒が飲めるようになったこともあり、友人や部活の仲間と一緒に、楽しいことや悲しいことを共有したり、真剣に話し合ったりする場に、いつも傍らにお酒があることに気づかされました。

「お酒ってコミュニケーションの潤滑油になるんだ」

そう感じ、私もそういった世界をつくる仕事に携わりたいと、キリンビールへの入社を決めました。

入社後は、ビール工場の品質保証担当に配属されました。工場での製造工程から最終商品の分析値や香味、工程を確認しながら、お客様に安心安全を届ける最後の砦として、品質を保証する仕事です。

工場で勤務をしていくうちに、「ビール以外の商品はどのようにして品質保証されているのだろうか」「本社では品質保証体制をどのよう

にして担っているのだろうか」というところに興味を持ち始め、もう少し品質保証という中で知識を広げていきたいと、会社の制度であるキャリアコミュニケーションの面談時に上司に話しました。

入社から3年後、キリンビバレッジ株式会社本社品質保証部に配属となりました。工場時代は製造工程から製品までをどう品質保証していくかという業務でしたが、本社では、会社としての品質保証体制を様々な部署とともに整備していました。その後、2度の産休育休を経て、現在は主にビール類の研究開発業務に携わっています。

一番搾り糖質ゼロと
リーダーシップ

2人目の育休が明けた2015年春に、一番搾り糖質ゼロの技術開発に取り組みました。

育休が明ける前のことですが、保育園のお友だち家族と一緒にお花見をしていたときのこと、その中の一人が「ビールは好きだけど、最近体型も気になっているから、ビールは最初の一杯だけ」と話されていたんです。ビールは好きだけど糖質を気

にされている方がたくさんいるのだ
ろう、そういう方にももっと気兼ね
なく満足して飲める美味しいビール
を造りたいと思ったことが、一番搾
り糖質ゼロの技術開発の必要性を感
じたきっかけです。

「お客様にとって、これは必要な技
術なのではないか」ということを見
つけた後、どんなお客様に対して商
品・価値をお届けしたいのかを一枚
の資料に落とし込み、まずは研究所
内でプレゼンし、みんなで磨きあげ
るというプロセスを踏みました。

　その後も様々な部署を巻き込みな
がら、「お客様にこういう価値を届
けたい」とビジョンをそろえ、どう
したら商品としてお客様へお届けで
きるか目標を明確にして、その実現
に向けてどうしたらみんなが意欲的
に行動できるかを意識して取り組み
ました。私一人ではできない部分は
それぞれの専門の方に入ってもらい
ました。様々な部署の仲間とともに
一つのことを成し遂げたことは貴重
な経験になり、結果しっかりとお客
様に商品という形でお届けできたこ
とはやりがいにつながりました。

キリンウィメンズカレッジ
との出会い

　私が働いている研究所では、男女
比率は半々くらいですが、「女性だ
からこういう役職に就けない・なか
なか前に出られない」といったこと
はなかったように思います。多様性
という観点でどう働くべきかを、会
社は制度を含めて風土醸成をしてい
ました。ただ、自分自身の心の中で、
一歩引いてしまうことがなかったわ
けではありません。そういったとこ
ろに一つ壁はありましたが、そこを
乗り越えようと思わせてもらえる環
境を、私の場合はリーダーや仲間が
つくってくれていたと思います。

　当社にはキリンウィメンズカレッ
ジという勉強の場があります。この
施策が発足した当時は、もともとビ
ール会社ということもあり、会社全
体としてどうしても男性の割合が多
い構造で、女性がキャリアを積んで
いくような機会も少ない状況でした。
しかしながら当然、当社の商品を召
し上がるお客様は男女半々であり、
このまま男性だけの会社であり続け
るのはよくないと、2006年に当時の
社長の、「女性がしっかり働ける会
社にしなくてはいけない」というト
ップダウンで始まった施策の一つで
す。

　私も「女性が一歩引いたりしてし
まうところを、半歩でもいいから自
分で前に進もう」と思い、2人目の
育休明けの2015年に参加しました。

外部の講師からリーダーシップや経営の視点などを学びましたが、そこに参加することは私にとって大きな一歩だったと思います。参加のきっかけは、リーダーの「一歩踏み出しなさい」という一言でした。リーダーが私の背中を押してくれた、というところが今の自分のリーダー像にもつながっており、大切な経験だったと思っています。

育児と仕事を両立するために

　家事・育児に関しては、家族と協力し合って、お互いにできることをやろうという環境にあったと思います。

　仕事に復帰する前のタイミングで家事・育児のやるべきことをすべて洗い出しました。一日のスケジュールを作って、どうしたら私たちは働けるか、働くためにはどう行動すべきかをプレゼンのようにして話し合いました。お互いにこんな状況にあって、これを乗り越えるために、私たちは何ができるのか。私たちだけでできないことは周りにも協力をしてもらう必要があるけれど、どんなふうに協力してもらうといいだろう、というように、現状を見える化して「認識を揃えた」という経緯があります。

　育休が明けて復帰した際に強く思ったことは、時間管理をしっかりしなければいけないということです。当時、研究所と自宅の通勤に2時間ほどかかりました。行きの電車の中では、「きょうはどういうふうに仕事を組み立てるとより効率的に働けるだろう」と頭の整理をし、帰りには「こうしておけば、仕事はうまく進んだのかもしれない」「実験の失敗の原因はここだったのではないか」と反省すべき点を振り返っていました。そうやって頭を使う時間と実際に動く時間を切り分けて限られた時間を有効に活用して働くことは、今も意識して取り組んでいます。

　また、研究所で働いているお母さん方の中には、自分の余暇もしっかりと楽しまれている人もいます。そういった方を見て一生懸命、まねてみたりもしています。

　たとえば、「私はきょう、この時間には帰って○○をしたいです」ということをチームメンバーに最初に宣言すると、「この人はこの時間に帰るから、お願いごとをするときは、その前のこの時間までにしよう」といったように予定を共有でき、周りに対しても業務の組み立ての優先順位を意識づけできることに気づかされました。メンバーみんなで試行錯誤しながら業務にあたっています。

周りの協力があってこそ子育てができている

入社した当初は、工場で勤務する女性のロールモデルが少なく、「子育てしながら働くってどういうふうにするのだろう」と感じながら働いていました。そんなときに当時の男性上司に「今後子どもを産むとなると、女性の場合は必ず会社から離れる期間が一定期間存在する。だけど、それって会社人生の中では本当にごくわずかなことだから、そんなの気にせず働いたらいいよ。そんな数年なんて巻き返せるものだから」と言われたことが、とても記憶に残っています。「そういうものなんだ」と刺激になりました。

また、第一子出産後の職場となった研究所でも子育てしながら働くことの何が正しいのか、働き方を模索していたときも、「ここはやらなくてもいいよ」と過剰に配慮をされることは決してなく、私が前を向いて一歩進めるよう、背中を押すような雰囲気をつくってくださったリーダーと、それをしっかりと尊重してくれる仲間がいました。

子育てをしていると、急に帰らなければならないときや、対応しきれなくなることもありますが、そこを

うまくフォローしてくれる仲間がいたので、私にとって、とても心強い職場環境だったと思います。2023年春の異動で配属となった今の職場は、当時の仲間が在籍するチームなので、今度は私がこのチームの方たちに何ができるか、という思いで働いています。

また、誰かを頼る場合も、困ったときになってからお願いするのではなく、まずは前倒しのスケジュールで取り組みながら、どこに対して困っているのか、頼らせてもらいたいのかをきちんと話すようにすることは意識しています。

そしてギブアンドテイクではありませんが、いつもお願いするばかりではなく、仲間の困っていることには、できることがあれば自分から取り組むよう、日頃から意識して行動することが重要だと感じています。

管理職への挑戦

管理職になるための試験を受けたのは2020年です。同期が、男女かかわらず、管理職になる人が増え始めた時期でした。年齢的にも求められているという認識はありましたが、正直なところ、管理職になりたくて日々行動するというよりは、「今行っている業務のその先に、次は何を

学んでいくか」と、なるべく自分の中で興味を広げていくことで、どのようにキャリアを歩みたいかを意識してきたと思っています。入社当初の工場の品質保証担当から、本社の品質保証部に配属されたのも、そういった意識からです。

　一番搾り糖質ゼロの技術開発をしていた当時、「この技術をどうしたら達成できるだろうか」「技術開発を達成し、お客様へ商品をお届けするために、仲間にどう働いてもらうか、そのために私自身はどう働いていかなくてはならないのか」を業務の中で考えさせられていましたが、それがとても良い経験になっていました。管理職として求められていることを、業務を通じて経験させていただいたと感じていたので、打診を受けたときは迷わず「頑張ります」と言いました。

　一番搾り糖質ゼロのように、実現したいことをアイデア創発から始め、一つの商品としてお客様へお届けできる経験は、会社人生の中でも一回あるかないかぐらい、とても貴重なものです。そんな経験から、今度はメンバーのやりたいことや実現したい思いを、いかに具現化できるかをしっかりとサポートしていくことが、自分にとって重要なやりがいであり、取り組みたい内容だと思っています。

それが結果的にお客様の価値につながるなら、私もとても嬉しいですね。

行動の、その先の価値

「自分の行動はその人たちにとって価値あるものにつながっているのか」
は常に考えて行動したいと思っています。商品であればお客様に対してですし、学校のPTAだと子どもたちに対してですね。
「その人のために何ができるか。その人にとっての価値につながるためにはどう行動するべきだろうか？」
と自分なりに考えて行動に移すことは重要だと感じています。

　また、何かを達成するには自分一人ではできないという認識をもっているので、どうしたら相手に共感してもらえるか、どう協力し合えば共に成しえるのか、そのために私はどのように行動すべきか、ということも考えています。
「自分が相手にとってできることって何だろう」
と考えながら行動にもつなげていきたいと常に思っています。

　私はおそらく自己肯定感が低いほうで、なかなか率先して手をあげられないタイプですが、会社での研修に参加した経験や、社外の方とお話

ししたりすることで、自分の陥りやすい思考の癖や行動を自分の中で冷静に振り返ることができるようになったと思います。悩んだり落ち込むことも多々ありますが、ある程度突き詰めて考えていくと、
「それなら、そこから自分はどうすればいいか」
に思考を切り替え、自己肯定感が低いながらも、
「ではどう対処していこうか」
と次の行動に移せるようになったのではないかと思います。

　社内外問わず、様々な方と話をすることを通じて、「そういう視点や考え方があるんだ」という気づきを得ることが多くあります。その経験から、自分の中のスイッチの切り替え方が見えてきたと感じています。

やりたいことを形にする

　女性はどこか壁をつくったり、無意識に遠慮するといった行動をしがちだと思います。周りの女性を見ていると、やる気に満ちて働いている方もたくさんいる一方で、「経営職や管理職って忙しそうで、ちょっといやだな」とか「結婚してこれから子どもを持とうと思うと、どういうふうに働いたらいいのかわからない」といった声も聞きます。まず自分が何をしたいのかをしっかり考えて、それを形として、いったん言葉に出してみてほしい。そのやりたいことに対して、自分一人でできることはきっと限られていて、周りとどのように協力していくと実現できるのかなどを考える必要が出てきます。一歩踏み出して進んでいくためにも、まずは自分と向き合いながら、やりたいことを言葉で発することをぜひやっていただきたいです。

　私自身も周囲に
「自分のやりたいことはこれです」
「実現するためにこんな働き方をしていってみよう」
を伝えていきたい、さらには
「こういう働き方だったらキャリアアップを目指してもいいかもしれない」
「森下さんにできるのだから自分もできるかもしれない」
という存在でありたいと思っています。

　メンバーから「ありがとう」と言われたり、「この商品はママが作ったんだよ」と子どもが嬉しそうに話しているのを見ると、頑張るとこれだけいいことが存在するんだと思うことがあります。ぜひ多くの女性に一歩踏み出してやってみようと思える、そのきっかけに自分がなれているといいな、と思います。

広報の専門家として
マネジメントの道へ

寺田倉庫株式会社

広報グループリーダー

鶴岡 優子［つるおか ゆうこ］

1972年生まれ。
出版社の経営企画室で企業イメージ改革を担当後、地域の
魅力を発信するメディア編集長として自治体・企業の PR
コンサルティングを経験。
2017年よりゲーム会社の広報責任者として一部上場企業と
しての広報環境整備、経営者 PR、投資先スタートアップ
広報を担当。
2022年 1 月から寺田倉庫の広報責任者としてブランディン
グ、広報を担う。
東洋経済オンライン、ForbesJAPAN 等で地域創生、ア
ート、スポーツ教育の取材執筆。
グロービス経営大学院経営学修士（MBA）、京都芸術大学
大学院学際デザイン研究領域研究生（MFA）。

企業情報

本　　　社：東京都品川区

従業員数：145名

事業内容：倉庫

会社概要：1950年創業の寺田倉庫は、従来の倉庫業の概念をさらに深化させ「モノ
　　　だけではなく、価値をお預かりする」という理念に基づき、専門性の高いワイン
　　　やアート、映像・音楽メディアの保管を軸に事業を展開している。保管だけにと
　　　どまらず、お預かりしたものの価値を高めて後世に引き継ぐための保存や修復技
　　　術の追求、および空間活用のノウハウを生かした施設運営やアートアワード開催
　　　など、芸術文化発信事業を積極的に進めている。また、拠点である天王洲アイル
　　　の活性化・倉庫街からの文化発信に注力し、「水辺とアート」をテーマに、周辺企
　　　業と協働しながら地域ブランディングを推進している。

ダイバーシティ＆インクルージョンへの取組み

　寺田倉庫は「倉庫という空間が、しあわせな未来をつくりだすこと。」をパーパスとしています。モノを預かることで、ゆとりある毎日を提供する。ハコに生命を吹き込み、その街の価値を高めていく。カルチャーをともに継承し、感じる心の余白をつくりだす。空間を開花させることを目指している寺田倉庫は、従業員のポテンシャルも大きく開花させることを大切に考えています。

　70年以上続く老舗企業でありながら、ベンチャー企業的なカルチャーでもある寺田倉庫は、新しい事業や価値を次々と生み出しています。不動産、美術品・ワイン・貴重品保管、文書・映像メディア保管、アート施設運営など芸術文化発信事業など、幅広い事業を展開しています。また、IT活用を推進するシステム部門、各事業を専門的な見地からサポートする財務、総務、人事、広報、プロパティマネジメントなどのコーポレート部門があります。スピード感を持って仕事を推進する独立性と、部門間連携により大きく車輪を動かす一体感を兼ね備えています。

　採用においては、プロパー、キャリア採用ともに多様なバックグラウンドを持つ多様な人材を受け入れ、各自の能力を発揮させることを重視しています。2023年5月1日時点、社員数は145名で男性55%、女性45%となっています。また、平均年齢は男性37.9歳、女性34.3歳、平均36.1歳です。役職者全体における女性社員比率は38%です。職位の内訳は、執行役員1名、事業部長1名、課長・係長19名です。

　また、すべての従業員が育児や介護を理由として離職することを防ぎ、男女問わず仕事と育児、介護の両立を可能とすることを目的に、育児・介護休業を取得しやすい環境整備も進めています。女性社員だけでなく、男性社員においても育児・介護休業を取得しやすいよう、従業員に向けた情報発信を積極的に行っています。

　障がい者雇用については、自社での雇用以外に「ウィズダイバーシティプロジェクト」に出資して、障がい者の共同雇用をしています。水辺とアートの街づくりにおいて重要な、植栽の美観管理を担っていただいています。

　寺田倉庫は今後も、多様な人材に活躍してもらうことで、企業と従業員の成長を推進していきます。

インタビュー

広報グループのグループリーダーをしています。メンバーは約20人で、広報とクリエイティブの２つのチームのマネジメントをしています。老舗企業の側面と、ベンチャー企業の側面をあわせ持つ会社ですので、幅の広い業務を社内外と連携しなら、スピード感を持って進めています。

転職のきっかけは、コロナ禍で外出ができずオンラインで学べる美大に入ったことです。地域の風土をデザインの視点で捉え直す研究を行い、産業都市のコミュニケーションプランを提言しました。２年間の学習を通じ多様な仲間に刺激をもらい、コロナによる価値観の変化を背景に自分のアイデンティティが揺さぶられました。それがキャリアの見つめ直しにつながり、文化を継承することに自分の広報という専門職をクロスしていきたいと考えました。

ちょうどその頃、寺田倉庫の広報のお話をいただき、天王洲を本拠地に文化を創る企業での仕事に興味を持ちました。転職を決意してから、天王洲を訪れ、施設を見学し、街を往来する人たちの気配に触れました。運河や街路を歩きながら、この地域には多くの価値が宿っていると感じました。その感覚をもとにコミュニケーションプランをまとめ、応募書類と一緒に提出しました。水辺と街路、倉庫空間、そして歴史の積み重ねに価値が宿る。その価値の更新のストーリーを未来に向けて広報したいと寺田倉庫に入社しました。

アイデンティティを伝える

1950年創業の寺田倉庫は、専門性の高いワイン、アート、映像・音楽メディアの保管を軸に事業を展開しています。また、倉庫街をエリアリバイバルし、「水辺とアート」をテーマに周辺企業と協力しながら地域ブランディングを推進しています。

広報として寺田倉庫と天王洲の価値を常に考えて、トップの声と現場の顔を社会に伝える仕事をしています。専門性の高い寺田倉庫の事業は、プロセスにストーリーの厚みがあるので施設や事業の紹介にそのストーリーを添えるように心がけています。また、広報グループはブランディングの部門でもあります。事業部の想いを共有しながら、会社の評判資産を積み重ね、企業価値を高めていく仕事では、スピード、コスト、優先順位、複雑な要件を踏まえつつ、いかに寺田倉庫としてのアイデンティ

ティを伝えていくか。むずかしくともやりがいがあります。

中途入社だからこそ気づく価値、社内ではあたり前となっている魅力を引き出すため、社員からはできるだけ多く話を聞かせてもらうようにしています。

広報として大事にしている価値観は、広報するものに深く向き合うことです。芯に当たっていること、加工しすぎず、しっかり届く情報を選球して届けたいです。

出版社で
29歳で女性の管理職第一号

私は大学卒業後、地図と観光ガイドなどの出版社に就職しました。入社直後から新規事業にアサインされ、29歳で課長に抜擢されました。

当時、女性の先輩はたくさんいましたが、編集者として上に行く人がほとんどで、マネジメントの道に進むのは異例の人事でした。いろいろな意見があり不安はありましたが、事業を成功させたい一心で最年少かつ女性管理職第一号になりました。

前任の男性課長が引継ぎ時に「北欧の暮らし」の本を贈ってくれました。戦いモードで鼻息が荒かった私に、肩の力を抜けよという親心だったのではないかと今は思います。

管理職になるにあたり、両親には特に相談はしませんでした。家は自営業で、一緒に働く人たちを大切にする両親の姿勢を見て育ちました。

会社員になった私は国内外の出張で家にいないことが多かったものの、家族が応援してくれていることはわかっていました。両親からは、元気で、やりたいことに全力を傾ける、一緒に働く人たちを大切にする、夢中になれることをやる、そんなことを教えてもらったと思います。

見守りに感謝

出版社時代は、たくさんの人に育ててもらいました。直属の上司や部下はもちろんですが、斜め上にあたる隣のチームの先輩、少し離れた部署の部長が支えてくれていたことが30歳を過ぎてからわかるようになりました。自分一人で頑張ってきたと思っていたのは大きな勘違いでした。自分のチームだけでなく他のチームにも目を配り、社会にも気を配る緩やかな見守りがあり、大人が次の世代を引き上げていました。

会社の方針を受けとめきれず、夜遅くまで上司に質問をしていた私を見ていた隣のチームの女性が残ってくれていて、ご飯にさそってもらったこともあります。管理職の女性の

74

先輩はいなくとも、専門職の先輩方に、公私にわたり山ほど助けていただきました。「真正面からぶつかるだけじゃないよ。いろいろなやり方があるよ」と、何事も全力でストレートしか投げられなかった私を温かい目で見てくれていたと思います。

管理職として全力で走ってきて32歳で職場結婚したときは、燃え尽きたように仕事へのモチベーションが落ちました。家庭を持った安心感で気が抜けたのだと思います。その頃、持病の足の病気の具合があまりよくなかったこともあり、３年くらい仕事量を落としていました。当時はいずれ仕事を辞めて家庭に入ってもいいと思い、30代で結婚するまでしかキャリアを想像していませんでした。走るだけ走りきって結婚したら、その先をどう走ればいいか、よくわからなかったのです。

経営を学ぶため
働きながら大学院へ

出版社では、同期の男性は自分よりも早く上に上がる人もいました。悔しさも感じる反面、長い自分のキャリアを考えたとき、自分のスキルや経験の偏りに不安も感じました。勢いだけでやってきた20代、30代で身につけたものは、事業開発とマーケティングのみ。その成功体験の賞味期限は長くない。若手カードも女性カードも使わずに、会社の未来に実のある提案をしたい。足りないのは出世の機会ではなく、私自身の経験と実力でした。

39歳のときに、グロービス経営大学院に入学しました。マーケティングだけでなく、経営を体型的に学びたいと思ったのがきっかけです。当時一緒に働いていたコンサルタントと話をする中で、コンサルの提案に違和感を持ちながらも、その違和感を経営の視点で構造化して話すことができない自分にもどかしさを感じました。萎縮して言いたいことが言えない、そんな怖さもありました。

不安から入学した大学院でしたが、アカウンティングや人材・組織など、専門外の分野は想像以上の面白さでした。100社以上のケーススタディをする中で、自社課題とケースを照らしあわせ、以前は見えなかった課題が特定できるようにもなりました。何を考えるか、どう考えるかがわかり、曇ったメガネを外したような、そんな実感もありました。

大学院では、多様な会社、多様な世代と学び合うことで、自分の思い込みの強さを認識できました。20年間で積み上げた社会人としてのアイデンティティには、思い込みのロッ

クがかかっており、既製品のような人工的な個性も混ざっていました。自分中心の忠誠心と、「自分はこれができる」という思い込みを一回ガラガラ壊すことで素に戻れました。社内の空気の中では弱みを出すのはむずかしいので、利害関係のない社外の大学院で学べたことが大きかったのだと思います。

卒業後、編集長として立ち上げた事業に夢中になりました。その事業が一区切りついた後、44歳で2社目のゲーム会社に転職しました。

夫は良き応援者

大学院に入学するのを夫が応援してくれました。私が結婚後にキャリア迷子になっているのを見ていたからだと思います。同じ出版社にいたので、もう一度、長距離走で社会に出たいと思った理由をなんとなく肌で感じてくれていました。

夫は私の社会的成功や出世は求めてはおらず、好きなことを元気に、安定してやっているならそれでよしと思っていたはずです。仕事と家と学校の両立で夜遅くまでかかっていましたが、心配しながらも応援してくれて、卒業式にも来てくれました。

家事はお互い得意なことをやっています。たとえば料理が好きな私が食事の用意をし、夫は片づけ、庭仕事、車まわりのことを引き受けてくれています。お互いの実家のことも一緒にサポートすることが多くなりました。

仕事を辞めたくなったら

過去には仕事を辞めたい、会社を辞めたいと考えたこともあります。予想外の人事異動で落ち込むこともありました。やりたい仕事ができなくなったときに、外の会社の大先輩に「お前には今、風が吹いていない。いったん待て」と言われました。いつも試合に勝たなきゃいけない、100点取らなきゃいけないと思い、うまくいかないと落ち込んでいた私に、一人で仕事をしているわけではなく、いろいろな流れがある中でちょっとペースを落とさなきゃいけないこともあると教えてくれました。今でもそのときのことはよく覚えています。勝ちすぎず、うまく負ける。風を味方につけることも、風が吹かないときの過ごし方も、長距離走のキャリアの中では大切なことです。

支援型のリーダーシップへ

リーダーシップに対して苦手意識があり、管理職になりたての頃はマ

ネジメントというよりは学級委員みたいなことしかできませんでした。

広報の専門として管理職になってからは、「支援型」のリーダーシップをとることが増えました。メンバーの個性を知り適材適所を考えます。一方、広報という専門職においては管理職でも専門性を持っていることは、説得力の点では大切です。任せるところは任せ、時に一緒に試合に出ることもしながら、進んでいきたいと考えています。

経営の一翼を担う、コミュニケーションの専門家集団として、社内外から今何を求められているのか、視座を高く持っていたいと思います。

自分だけのキャリアの道が人生の文脈になる

女性にとって見えない壁を感じることもあります。長距離マラソンのようなキャリアの道のりでは、100％全力で働ける時期がずっと続くほうが稀なのかもしれません。女性は男性よりもライフステージの変化が多様になりがちです。体調や気力がもたない時期もあると思います。

いわゆる右肩上がりの直線的なキャリアばかりがキャリアではありません。漠然とした「綺麗なキャリア像」はそもそも存在しない。途切れ

たり、ジャンプしたり、クネクネする道の流れに、その人らしい、キャリアの文脈があるはずです。

誰かのキャリアと比較して悩むよりも、自分が歩みやすい道のりを愛して進むほうが、時代にもフィットしているのではないかと思います。

普通の生活を大切に

私は仕事に過熱する傾向があるので、ご飯をちゃんと作って食べる、掃除をして家の中をきれいにするなど、あたり前の普通の生活をなるべく崩さないようにしています。時間をかけて料理をし、食べる・掃除をする・寝る、これを普通に繰り返して、自分たちの生活の土台、リズムを大事にしています。

食べることや台所仕事に関しては実家の母の影響も大きいです。温かいものは温かく食べる、旬のものを食べる。ご飯を抜くことは考えられません。忙しくても、食べることだけは一生懸命です。

怖がりだから頑張れる

自己肯定感は強いほうだと思います。他人の意見よりも自分の感覚を大事にすることが多いです。

一方で、苦手な仕事を頼まれたと

きには、貢献できるか自信がなくて怖くなることも。その時間が怖いので、ダッシュで暗闇を駆け抜けるように、足りないものを補います。

　努力家というよりは怖がりなのだと思います。出版社で経営企画室から現場に戻り、編集長をやれと言われたとき、数字を作る側にまわるのがすごく怖かったです。さて、困ったことになったと思いました。

　一人では何もできないので仲間を集めなくてはと、その仕事に興味がありそうな人を会社のエレベーターの前でつかまえて、一緒に乗って口説いたりしました。そんなことをしている間に、怖いというより、楽しくなってくる。一人ではできないことばかりで、いつも多くの人に助けてもらっています。

　会社員としては後半戦に入り、残る時間でやりたいことに思いを巡らすことも増えました。

　少し前に家族を亡くしたことも、この先を考えるきっかけになっています。姉と最期を看取り、その1ヵ月間は家族のことだけに集中し仕事はあまりできませんでした。介護の大変さをはじめて感じた経験でした。脱力感も少し薄れつつある最近は、残された人生、自分は何をしようかと考え、普段会わないような人にも多めに会って、刺激とヒントをもら

うようにしています。

感受性を大事にしてほしい

　みなさんには、感受性を大事にしてもらいたいです。どちらかといえば、女性は目に見えない気配や感情などを送受信する機能が強いと思います。会社の中で合理的でスピード感を持った判断をしていく過程で、察知してしまった割り切れない感情や思いの処理方法がわからず、感情があふれてしまうことがあるかもしれません。一方、何かを具体的に察知する力は仕事で大きなメリットをもたらします。顧客のこと、仕事仲間のこと、数字と数字の行間に潜むリスクなど、感受性で気がつく情報もビジネスにはたくさんあります。

　感受性に遠慮をせず、それを活用できるだけのビジネス上の経験と能力を蓄積して、仕事をしていただきたい。

　私は、田坂広志さんの言葉に触れると、背筋がシャンとします。以前、講演を聞いたとき、田坂先生の伝える力の強さ、宇宙からシャワーが降ってくるような感覚に驚きました。一期一会、真剣勝負で話してくれていることを肌で感じました。迷ったときにはその時の映像を見返し、前に進む勇気をもらっています。

78

Leader's Profile 09 ｜ 育休中に取得した博士号が広げてくれた仕事の世界

東京ガス株式会社

常務執行役員

小西 雅子 ［こにし まさこ］

1965年生まれ。
1988年、お茶の水女子大学家政学部卒業。東京ガスに入社し、都市生活研究所や「食」情報センターで食の研究等に携わる。「食」を通じてガスの魅力を発信しながら、家庭向けガス販売のPR業務を務め、その後、関連会社を60社ほど束ねる人事総務部門に異動。2015年からは営業部門でキャリアを積み、営業第二事業部長、広域営業部長を歴任。関東近郊の都市ガス会社に向けたガス・電気の販売を強化した。2020年に執行役員に就任。法人営業本部長を経験後、2023年より現職。2023年10月からは地域共創カンパニーにおいて、カーボンニュートラルの実現に向けたまちづくりの取り組みによる地域課題の解決と共に東京ガスグループのサステナビリティ推進に取り組んでいる。学術博士。

企業情報

本　　社：東京都港区
従業員数：15,963名（連結）
事業内容：電気ガス
会社概要：約150年前、横浜で灯ったガス灯が日本のガス事業の始まり。その後ガスは暮らしに欠かせない、身近なエネルギーとなっていった。首都圏のガス会社である当社は、日本ではじめてLNG（液化天然ガス）を導入し、現在は、世界中から調達するLNGを国内外に供給、都市ガスだけでなく発電にも活用し、クリーンなガス・電力エネルギーの安定供給を実現している。これからも、暮らし、地域、地球の未来のために、「グローバルな総合エネルギー企業」への変革を続けていく。〔グループ経営理念〕（存在意義）人によりそい、社会をささえ、未来をつむぐエネルギーになる。（価値観）挑み続ける、やり抜く、尊重する、誠意をもつ。

ダイバーシティ＆インクルージョンへの取組み

　東京ガスグループでは、「多様な人材が活躍できる組織の実現」を経営戦略上の重要課題と位置づけ、DE&I（ダイバーシティ、エクイティ＆インクルージョン）を推進しています。当社グループに集う多様な人材の多様な背景・考え・働き方を尊重して背中を押し、育て、やりがいの大きい業務で成果を出してもらうことを通じて会社の成長と社会の発展につなげており、それを組織の強みとしています。

　中でも女性活躍を DE&I の端緒と位置付け、キャリア形成支援、多様なロールモデルに関する情報提供、活躍の場の創出、フェムテックの導入、アンコンシャスバイアスの解消等、様々な取り組みを進めています。2023年には東京ガスの女性執行役員が増加して 3 名になり、女性管理職の割合も毎年着実に向上する等、様々な分野・各役職段階で女性の存在感が確実に高まっています。

　また、男女ともに柔軟な働き方と、仕事と育児の両立を推進しています。特に男性育休に関しては、男性の仕事と生活および職場へ好影響を及ぼすことに加え、女性活躍にも寄与することから、目標を定めて推進しており、配偶者出産時休暇（有給）取得率は100%、男性育児休職取得率も急増（2023年度47%）しています。安心して育休を取得してもらうために、法定を超える制度の整備、取得事例の広報・相談窓口の設置・セミナー等の風土醸成、在宅勤務・フレックス・デジタル化等の生産性の向上に取り組んでいます。

　また、障がい者の雇用にも積極的に取り組んでおり、雇用率は2.72%と法定を大きく上回っています。働きやすいバリアフリーな職場づくりや個別のサポート、障がい特性への理解促進のためのセミナー等を行っています。また、日本パラスポーツ協会のオフィシャルパートナーとしての活動も行っています。

　東京ガスグループには多様な知識・能力・経験を持つ人材が集っています。その多様な力で「安心・安全・信頼」の価値を守り続けるとともに、イノベーションを起こしてより豊かな暮らしと環境に優しい社会の実現に貢献してきました。これからも、グループ経営理念「人によりそい、社会をささえ、未来をつむぐエネルギーになる」のもと、とどまることなく歩み続けていきます。

インタビュー

研究員からスタート

1988年に東京ガスに入社しました。当時、東京ガスには冷凍食品を扱う子会社があり、大学の食物学科を卒業した私は冷凍食品開発のための研究員として入社しました。

東京ガスを選んだ理由は3つあります。

まず、男女雇用機会均等法が施行されて3年目で、女性の総合職に関する新聞報道が盛んになっていた中で、「総合職の女性が活躍しています」という東京ガスの記事を多く見かけ、これは素晴らしい会社だと感じました。

もう一つは、東京ガスは東京とその周辺で事業を展開しており、転勤が少ない点も魅力でした。以前、大学の先輩が総合職で入社したものの、すぐに転勤があったという話を聞いており、転勤の少ない会社で働くことが長期的にキャリアにつながると考えました。

3つ目が、大学で学んだ食物学を活かしたいという想いです。

これが志望動機です。

最初は技術研究所に配属となり、実験を中心とした基礎研究に従事し

ていました。2001年に都市生活研究所に異動し、マスメディア向けの食の情報発信業務を担当しました。NHKの『ためしてガッテン』には、ほんの少しの出演も含めると30回ほど出演し、白衣を着て「この料理の美味しさの秘密は加熱方法にありました」などと解説をしていました。海外特集にも参加させていただき、最終的には、番組テーマのアイデア出しにも関わっていました。

ほかにも、日本テレビの『午後は○○おもいッきりテレビ』やTBSの『はなまるマーケット』にも出演しました。さらに、会社のプロモーション担当として、ショールームオープンのCM制作を担当した時期もありました。

2014年の1年間は、コーポレート部門で人事総務のマネージャーとして、東京ガスグループ60社（当時）の人事異動や総務関連を担当しました。

2015年に営業に異動し、営業第二事業部長として家庭向けの営業に従事しました。新築の戸建てハウスメーカー様に対して、ガスを活用した暮らしの提案やガス機器の販売を行いました。50歳少し前でしたが、この経験は、私にとって非常に印象深

いものでした。

　営業未経験だった管理職の私と、経験豊富な営業のプロフェッショナルである部下とのチームは、新たな視点をもたらし、挨拶の仕方や価格交渉のテクニックなど営業職としてのイロハを学びました。ここでの経験が私の新しいキャリアの礎となりました。その後、2019年に広域エネルギー事業部に異動して、首都圏周辺の都市ガス会社様に向けて、ガスや電気の卸営業を3年間担当しました。

　2022年には法人営業本部長として大口のお客さま向けの営業を統括しました。2023年からは常務執行役員を務めることになり、サステナビリティ推進部・地域統括をしています。

育児休業中に論文博士号を取得

　1996年に博士号を取得しました。そのきっかけは、育児休業がまだ一般的ではなかった当時、上司に「育児休業を取りたい」と言ったところ、すぐに快諾してもらったものの、「もし戻ってくるなら、頑張った証として博士号を取得してきてね。それがなければ歓迎できない」と言われたことでした。それまで仕事で泣いたことはなかったのですが、その

日の夜、家に帰ってさめざめと泣きました。

　このことを大学の恩師に相談したところ、「こんなチャンスはない。育児休業中に博士号を取るチャンスを活かしなさい」と後押しを受けました。すでに学術誌に投稿中の論文があり、新たな論文を執筆し追加すれば論文博士号が取れるとのことでした。

　妊娠中から執筆を始めましたが、その過程は大変でした。妊娠自体が大変なのか、論文執筆が大変なのかは、当初は区別がつきませんでしたが、あとから考えると、論文執筆が相当な重荷であったと思います。しかし、妊娠後は身体が重くなり、産休中には記録的な酷暑もあったため、在宅での作業が多くなり、博士論文の下書きを出産前にまとめることができました。

　8月1日の出産から、翌年の年明けまでに3回の口頭試問がありました。授乳や子育てに追われる中での勉強は大変でしたが、生後間もない子どもはまだ歩かないため、勉強をする時間を確保するのは比較的容易でした。子どもが歩き出したあとは、まとまった時間をとって勉強する余裕はなかったので、結果的に、出産のタイミングで博士号を取得してよかったと思います。

この博士号取得は私のキャリアに大きな影響を与えました。マスコミへの露出も増え、博士の称号がついたことで、社外での私に対する接し方が変わりました。小田原女子短期大学（現小田原短期大学）と服部栄養専門学校の非常勤講師、中央大学の特別講座の講師の機会をいただき、理事として学会運営のお手伝いもしました。

博士号取得が、私のキャリアを豊かにするきっかけとなり、仕事が多様な方向に広がっていくことを実感しました。

夫の理解と
子育てを支えてくれた両親

夫と両親には、本当に感謝しています。夫と私は同じ会社で働いており、当時は共働きがまだ一般的ではない時期でしたが、彼は私の仕事への理解を示して一緒に進んでくれました。

子どもが生まれると、平日は実家に住んで子どもの保育園の送り迎えを両親に手伝ってもらいました。母は専業主婦で、「本当に働く必要はあるのか」と口では文句を言いながらも、日々いろいろなことを支えてくれました。このくらいの言葉を口にしなければ、きっとストレスが溜まってしまったかもしれません。

私自身、子育てが仕事にも良い影響をもたらしてくれたと感じています。子どもは現在、働き始めて5年目になりますが、就職活動中から、「ずっと働ける仕事がしたい」と望んでおり、私のこういう生き方を良いと思っているのだなと嬉しく思いました。

夫は家事全般をします。「掃除をして」と言えば掃除をしますし、「ゴミを出して」と言えばゴミ出しをします。だからといって、積極的に先回りしてやるかというと、決してそんなことはありません。夫に聞いてみれば、言い分があるかもしれませんけれど。

管理職になって

私が初めて管理職になったのは、2012年でした。そのためにヒューマンアセスメントを受けました。上司からの推薦制、指名制で、断わる人はいないと聞いています。以前に、10人ほどのアシスタントの派遣社員と一緒に仕事をしており、部下を持つという経験があったことはよかったと思います。

管理職として組織に貢献するために、私に課せられたミッションは何だろうと考えるようになりました。

また、過去の上司との関わりを具体的に振り返り、良い点をまねし、悪かった点を避けるように心がけました。

リーダーシップについては、私自身カリスマ性があるタイプではないので、みんなが活躍できる環境を作って、自分も一緒に考えて動くスタイルをとっています。計画と企画に時間をかけて石橋を叩いて渡るよりも、PDCAサイクルを回しながらスピーディーな動きを目指しています。

仕事で達成感を感じる瞬間は、営業目標をクリアしたときや、部下の成長を見たときです。子どもが中学校に入るまでは、ほとんど残業をしなかったため、自分の仕事をこなすことに精一杯で、会社が今どうなっているのか、わからないことが悩みでした。しかし、キャリアを重ねるごとに見える世界が広がり、入ってくる情報も増えるようになり、判断力も向上していきました。このように、自分自身が成長したことにも達成感を覚えます。

もっとも重要だと思う価値観は2つあります。一つは誠実であることです。お客さまにご提案をする際には、何よりも「誠実に」ということを心がけています。もう一つは、長くお付き合いできる持続可能な関係

を構築することです。

お客さまとは、こちらが無理をすれば、すぐに良い関係を構築できることもありますが、無理をするとその関係を継続できなくなり、かえってお客さまに迷惑をかけてしまうことがあります。常に、お互いにとって良い関係はどういうものなのか、どうすればみんなが幸せになれるのかを考えています。

女性が置かれた状況について

仕事と家庭を両立させるにあたっては、残業はしないと決めていましたので、限られた時間の中で、仕事において諦めなければいけない部分があることが課題でした。同様に、残業せずに飛んで帰っても、家庭でもできないことがたくさんありました。

子育て中の当時を振り返ると、昇進するのは男性のほうが多く、また、私たちが入社した頃は、長く働き続ける女性のロールモデルも少ない状況でした。そのため、女性である自分が役職に就くとは思ってもいませんでしたし、目指そうともしていませんでした。しかし、今の女性は、入社したときから男性と同じ意識で働いていますので、時代の変化を感じます。

84

私は長らく研究所にいました。研究所はあまり、「男性」「女性」という意識はなかったように思います。

営業に異動してからは、子どもも大きくなっていたので、連日の夜の懇親会に参加しながら仕事を進めることができました。両親が元気で手伝ってくれたことに加え、子どもが元気に育ってくれたことも幸運でした。

私は女子大出身ですが、大学生時代はどんなに重い荷物も自分で運びましたし、何でも自分でやりなさいと教えられました。それが、会社に入ったら男性がいろいろ手伝ってくれたり、手を差し伸べてくれたりするので、最初は違和感すらありました。「女性だからできない」と思わずにキャリアを積むことができたのは、大学での教育の成果だったと思います。

気持ちを切り替える方法

困ったことや失敗したと感じたときは、一人で抱え込まないで必ず周りの人と共有するよう心がけています。家族や職場の人に相談することで悩みを薄めてきました。家庭や仕事において、もっとしたいことがたくさんあったかもしれませんが、少しずつ犠牲を払いながら日々を過ご

していました。だからこそ、どちらも後悔しないようにするために努めました。

私は引きずるタイプではなく、家に帰ったら家のこと、会社では会社のことに集中して、過ごしてきました。くよくよしていても解決できないことはたくさんありますので、今置かれている状況を受け入れて、「どうにかなる」と前向きに考えるようにしています。鈍感力が高いと言われることもありますし、もしかしたら自己肯定感が高いのかもしれません。

ワークライフバランスに関しては、年に1回、夏になると長期休暇を取り、子どもと海外に行くことが楽しみでした。帰国後のリフレッシュ感は格別です。気分転換が新しいアイデアにつながり、仕事とのメリハリをつける手助けにもなります。早めに計画を立てれば、ストレスなく実現でき、むしろその目標があることで仕事へのモチベーションも高まり、一生懸命取り組むことが楽しくなります。

若い女性へのメッセージ

若い女性たちに向けて、キャリアについて話す機会が増えました。真面目な女性ほど将来の生活やキャリ

アをとても心配していることがあり
ますが、少しゆったりとした気持ち
で、まずは行動してみることをおす
すめしています。

　私自身、振り返ると、やってみな
ければ成功するかどうかもわからな
いけれど、やってみようと思った経
験が多く、ある種の楽観主義も大切
だと思います。

　行動するにあたっては、自分自身
で考えることも大切ですが、たくさ
ん経験を積んできた先輩や周りの人
に相談することで、貴重なヒントを
得ることができるかもしれません。
一人で抱え込まないで、周りのみん
なに支えを求めながら進んでほしい
と思います。私もいつでも相談に乗
ります。
「せっかく研究をしてきたのだから
最後までやりたいと思いませんでし
たか」と聞かれることがあります。
私は食に関する研究をしていました
が、社内でほかに携わっている人が
いなかったので早いうちに第一人者
になることができました。これが自
信につながり、次の営業に異動した
際も、専門性を身につけることがで
きると信じていました。営業を担当
するとは思ってもみませんでしたが、
お客さまのお役に立つことが喜びに
つながりました。

　若い人たちへは、自身の志を持つ
ことも大切ですが、思いがけない転
機が、新たなキャリアやチャンスに
つながることもある、と伝えたいで
す。

地域の持続可能な取り組みを
支えていきたい

　東京ガスは地域に根ざした会社で、
首都圏の成長とともに、会社も歩ん
できた歴史があります。現在、世界
的に脱炭素が進んでいますので、こ
れからは、環境とレジリエンスの観
点から、地域のみなさまのお役に立
ちたいと考えています。

　私自身としては、地域とサステナ
ビリティの推進に携わっていますが、
会社人生の集大成として、これから
も地域の持続可能な取組みを支え、
困難な時代をともに乗り越えていき
たいと考えています。

感銘を受けたのは
キュリー夫人の伝記

　小学生の頃、キュリー夫人の伝記
に感銘を受け、何度も何度も読み返
しました。彼女は夫を亡くし、ポー
ランドが戦争の中でも自分の信念を
貫いて、2度のノーベル賞を受賞し
た強い女性です。その姿勢に子ども
ながらに感銘を受けました。

Leader's Profile 10 | 必ず道はある。
人と笑顔のモノづくり

日本ガイシ株式会社

資材部長

大塚 愛子［おおつか あいこ］

1975年生まれ。

1999年大学院修了、日本ガイシ入社。

大学院では材料加工プロセス学を専攻。研究テーマは傾斜機能材料の開発。入社後は自動車部品を製造する事業部の新製品開発部門で原材料開発、製品特性検査方法の開発に従事。

2010年、開発に関わった製品を量産するポーランド工場へ赴任。原材料管理、製品特性管理、新製品開発を担当し、量産工場で安定生産するための工程内管理、取引先管理等の知見を習得。2013年帰国。帰国後は、それまで培った原材料開発／管理の知見を活かせる資材部へ異動し複数事業部の原材料や副資材の調達業務を担当。事業部と取引先双方の win-win となる解決を目指し、安定調達とコストダウンに貢献。

2023年資材部長就任。

企業情報

本　　社：愛知県名古屋市

従業員数：4,547名（単独）

事業内容：ガラス・土石

会社概要：祖業のがいしで培った独自のセラミック技術を核に、自動車用セラミックス、蓄電池、産業装置エンジニアリングなどを手がける。世界の社会基盤や地球環境保全に欠かせないセラミック製品を数多く手がける BtoB メーカーであり、2019年に創立100周年を迎えた。創立以来、社会基盤を支え、環境保全に貢献できる製品を開発、提供し続けている。グループ理念に「社会に新しい価値を　そして、幸せを」を掲げ、近年はカーボンニュートラルとデジタルの領域に注力。

ダイバーシティ＆インクルージョンへの取組み

　日本ガイシは、ダイバーシティ＆インクルージョンを積極的に推進し、多様な人材がおのおのの能力を発揮して活躍できるよう、個性やライフステージの変化に合わせて働き方を選択できる制度や、環境・風土づくりに努めています。

　当社のダイバーシティの取り組みは、2009年頃、女性の就労継続に対する制度導入から本格化しました。当時は、まだ育児と仕事の両立が困難として退職を選択する従業員もいる時代でしたが、短時間勤務の導入を皮切りに、2013年には退職事由に多かった配偶者の海外赴任への対策として、配偶者海外赴任同行休職制度を導入するなど両立支援制度の充実をはかりました。その結果、仕事と育児の両立を事由とする退職は見られなくなりました。その後、2016年女性活躍推進法の施行とともに、当社は、女性の就労継続から活躍推進に大きく舵を切りました。女性の就労継続と活躍が定着した現在は、真に「すべての従業員」に対しての取り組みに移行しています。

　夫婦が互いのキャリアを尊重しつつともに子育てを行い、職場では性別や子どもの有無にかかわらず仕事と生活を両立させることができるような環境を整備するため、2021年以降は、男性の育休取得推進に力をいれています。男性の育児休業取得率は90％を超え（2022年実績）、社内には性別に関係なく自身のワークライフバランスを大切にする風土が浸透しています。

　また、育児、介護、疾病治療を三本柱に両立支援制度を拡充させるとともに、制度を利用した従業員の体験談を社内のイントラネットで共有。安心して制度を利用できる環境づくりにも力を入れています。障がい者雇用、多様性への理解を進める啓発活動やテレワークの活用といった柔軟な働き方の提供などのダイバーシティ施策推進に加え、人材それぞれが志向・適性・職種に応じて自律的に追求できる多様なキャリアパスの提供など、「多様な人材が多様な働き方をできる環境」の整備を進めています。

インタビュー

材料エンジニアとしての
キャリアの始まり

　大学進学にあたっては、理系を選択しました。純粋に化学が好きだったことと、「何かカタチあるものをつくりたい」という想いがあったことによるものです。金属材料（現在は金属フロンティア工学）という学科に在籍して材料加工プロセス学を学び、粉末から機能性材料を作るモノづくりの研究をしていました。

　就職活動の際は、日本ガイシに入社した大学の先輩方にも話を伺いました。「学んだ知識を活かしてモノづくりに関わりたい」という想いもあり、大学院修了後、日本ガイシへの入社を決めました。

　最初の配属は、自動車の排ガス浄化に使う触媒担体を作っている事業部（当時のセラミックス事業部）でした。ちょうど私が入社した年からディーゼル車の排ガスを浄化する新しい製品（DPF：Diesel Particulate Filter）を作ろうという取組みが始まり、私はそこのエンジニアとして入りました。そこから私の材料エンジニアとしてのキャリアが始まります。

ポーランドでの濃い3年間

　私の役割は、大学の研究を活かし、どういう品質のものをどういう原料を使って作るかという材料開発でした。ほかにも、作った製品の品質保証のために材料特性の検査方法や仕様決めにも取り組みました。DPFはディーゼル車排ガスの煤を取り除き、蓄積した煤を走行中に燃焼させる使い方をするフィルターなので、気孔率、強度、熱伝導率等が重要な材料特性になります。

　当時は、「事業化するものは千三つだよ」と先輩から聞きつつも、「自分が携わったものが事業化したらいいな」という想いを持ち、製品に関わるいろいろな取り組みに励んでいました。会社としても力を入れて推進した結果、お客様に認められ2003年に愛知県小牧市の工場で量産を開始、同年にはポーランド工場も建設し、かなり速いスピードで事業化をしました。

　その流れで2010年、ポーランド工場のマテリアルコントロール部門に赴任することになりました。初めての海外赴任で不安を抱えながらも、現地のメンバーやサプライヤーとの

やりとりやモノづくりに少しずつ慣れていきました。

ところが、2008年のリーマンショックや2015年の主要なお客様での不正問題によりディーゼル車需要が減少し、マザー工場である小牧工場での生産を終了することになりました。そのため、ポーランド工場で量産と開発を兼務するという、それまでにない体制となり、今思うとかなり濃い時代を過ごしました。

ポーランド赴任中には、2011年に東日本大震災もありました。日本から送られてくるはずの原料がこない中でのモノづくりを経験したり、両親が仙台にいることもあって、心配をし続けたりと、様々なことが生じた3年間でした。

日本のモノづくりここにあり
―東日本大震災後も生産継続

ポーランド赴任時に一番困難に感じたのは、東日本大震災以降に直面した出来事です。

原料を製造してもらっていたメーカーが、被災地となった東北にあり、原発事故の影響で出荷できない状況となりました。また日本からの輸送コンテナの放射線量が高く欧州の港で足止めされる事態も発生しました。しかし、必要な原料が不足する中で

も、モノづくりは止めるわけにはいきません。

そのような状況下で、私の中では『プロジェクトX』の曲が流れていました（笑）。なんとかしようと、ポーランドのメンバーや日本の同僚と相談しながら、工場を止めずに生産を継続できる方法を模索し、それがうまくいくかの試験をポーランド工場で行いました。

売るための製品を量産している工場で、販売に直結するわけではないものを作る試験をするのは基本的には御法度の中、リスクを背負いながらも、そうするしかないことを工場のメンバーにもわかってもらい、動いてもらって、「日本ガイシのモノづくりここにあり」という気持ちでモノづくりを継続させることができました。このことは達成感もあり、みんなでやり遂げた大きな経験でした。

新しい道へ

日本に戻ってくるにあたり、材料開発の知見を活かして調達部門（資材部）にキャリア変更をしました。それまでは一事業部の原料をエンジニアの立場で担当しているだけでしたが、キャリア変更により、複数の事業部の原料調達に関わることにな

りました。

　セラミックス事業部での知見を使って他の事業部や新しい事業の材料エンジニアとどういう原料を買うのがよいかを話しながら調達の観点で重要な安定調達とコストダウンにも貢献できることは、やりがいがありました。

　その後も、資材部の中でだんだんと業務範囲を広げキャリアを築いてきました。

　2023年4月に資材部長に就任しましたが、プレッシャーが大きすぎるということはありませんでした。というのも、急に部長という役職に就いたわけではなく、2018年には基幹職として小さなチームを見るところから経験させてもらいました。その段階がなく、いきなり、それまで経験したことのないような広い領域だったら、手に負えなかったと思います。

人に恵まれる

　私のキャリアは、「人に恵まれている」の一言に尽きると思っています。

　大きな決断が求められたときは、上司の言葉が後押ししてくれました。その中の一人は、ポーランド赴任時のNGKセラミックスポーランドの

社長で、私にとっていろいろな意味で恩人だと思っています。

　最初の大きな決断は、ポーランド赴任のときにありました。当時、日本ガイシには女性技術者に海外赴任はさせないという不文律のようなものがあると聞いていたこともあり、「私もそういう道はないのかな」と心の中で思っていました。

　しかし、社内で海外赴任の話が出てきたときに、「ポーランドに行く道もあるんじゃないか、俺が責任を取るから」というメッセージをいただきました。この言葉に勇気づけられポーランド赴任を決めた結果、とても良い時間を過ごすことができました。

　東日本大震災のときも、当時、御法度でありながらも、ポーランド工場で試験をするという提案を一番最初に伝えたところ、技術者として一緒に考えてもらえました。「それだったら、できるかもしれないね」と言っていただけたことで、気持ち的にも技術的にもサポートしてもらいました。

　そして、ポーランドから戻ってきて、今後どういうキャリアを築きたいのかという話をしたときには、「材料エンジニアという道もあるけど、今までやってきたことを活かして、ほかの道に広げてみたら」とい

う言葉をいただきました。当時、材料エンジニアとして道を決めることに対して能力の限界のようなものを感じていたこともあり、そのアドバイスをきっかけに、「方向性の違うところに自分の道を見出したい」と思い、資材部へのキャリアの変更を決めました。

人との関わりの大切さ

私は、サラリーマンの父とそれを支える主婦の母という、いわゆる昭和の家庭で育ち、のびのびと進路を選んできました。父は仕事であまり家にいなかったものの、たまに話をするときには、ちょっとした仕事の話をしてくれることがあって、それを聞きながら「仕事をしていると、いろいろなことがあるんだな、人と人とのつながりで進んでいくんだな」と思ったことが非常に印象に残っています。

また、転勤族の父に伴い、私も転校が多かった経験から、人柄にも地域性があることを知り、そういうところに面白さを感じていました。

今の調達の仕事でも、取引先や事業部のみなさんと話すうえでは、いろいろな人がいますが、「なんでわかってくれないの?」というより、「どうして、そういうふうに思うの

だろう」と考えられるようになったのは、小さい頃の経験が土台になっているのかもしれません。

どうしたらお互いが良い方向に進めるかを学ぶ

エンジニア時代、新人で材料開発をしているときに資材部で担当してくださっていた方も、恩人の一人です。

モノを作るにはいろいろな会社から原料を手に入れる必要があります。ポーランド工場で作ることが決まってからは、ヨーロッパで調達することになります。

この方は生粋の文系ですが、技術を学ぶことが大好きで、エンジニアの私と同じ目線でディスカッションしてくれ、そこに調達の観点でのプラスアルファを伝えてくださり、様々な取引先を探してきてくれました。

当社はモノづくりの会社ですが、同じモノを同じように作るのは非常にむずかしく、同じように作っても不具合が起きることがあります。それは、原料メーカーについても同様です。

もちろん技術的な課題もありますが、「動かすのは人」という中で、海外の人や取引先の人とどういうコ

ミュニケーションをとるか、どういうふうにお互いが良い方向にもっていくかを学ばせていただきました。今の自分の仕事につながっていると思います。

一人ひとりの能力を活かすリーダーシップ

「リーダーシップ」ということについて、資材部という組織のリーダーは部長である私ですが、一人ひとりが自分のやることのリーダーだと思います。ですので、一人ひとりが自分の責任範囲で自分のプロフェッショナルな仕事をして、上がってくるものを部として大きくまとめるという立場が私だと思っています。

もちろん、部としての方向性は会社や世の中の流れを見て決める必要がありますが、その大きな枠の中でそれぞれがリーダーシップを発揮できるようなイメージで今までやってきました。

私はキャリア変更をして今の部に入っていることもあり、調達の細かい部分では私よりもベテランの先輩がいるので、自分が細かく指示することは必要ないと思っています。方向性を示すことや事業部との関係をより深めること、持っている知見や能力をより活かせる方向の「何かを

すること」が私の仕事です。

また、新入社員に対しては、私も途中から入った身で気持ちがわかるので、キャパオーバーにならないようにサポートができたら、と思います。

必ず道はある。仲間たちと方法を模索する

エンジニア時代のこと、求められる性能が出ず、考え尽くしたけれど、もうアイデアが湧かないということが何度もありましたが、人とのやりとりをさら深めたり広げたり、あるいは、もう一度メンバーと案をひねり出したりしながら乗り越えてきました。

調達の仕事でも、コロナが収束し急に経済が動き出したときに、いろいろなものが値上がりして、船も動かないし飛行機も取り合いでブッキングできないという、調達業務が過去最高にむずかしい状況になりましたが、それを乗り越えた経験があります。工場を止めないように、いかに安定して調達するかを部のメンバーと一緒に進め、違う方向性で道を開くことで工場を動かし続けられたのは「本当にやりきったな、みんなよく頑張ってくれたな」と感じた出来事です。

そのほかにも、自分一人だと行き詰まっていたけれど、仲間たちと考えて、取引先や事業部の人と腹を割って何かないか考えていく中で、なんとかつながってきた経験がたびたびあります。そのため、その集大成が「必ず道はある」という言葉だと思っています。

みんなの「笑顔」につながる仕事がしたい

周りの人が幸せであることがやりがいです。

今でも忘れられないのは、ポーランドに赴任しているときのファミリーピクニックというイベントです。ポーランド工場の従業員と子どもも含めたその家族を呼んで、大きな公園で小さいサーカスを見たり、バーベキューをしたりする福利厚生の催しがありました。それは、とても楽しいものでした。

普段、一緒に働いているメンバーのパートナーや子どもたちが本当に楽しそうにしているのを見て、「自分たちのモノづくりがこういうところにも広がっているんだな」と印象的でした。

この経験から、みんなが幸せになるような笑顔につながる仕事がしたいと思いました。

女性として先陣を切る

調達の仕事をしていて、取引先の営業担当者が女性であることはほとんどありません。まだまだ男性社会の業界です。その中で、どうしても無意識に男性に遠慮している部分が私もあるので、今後は、その考え方や無意識の土台になる部分を変えていきたいと思っています。

まずは、そういう風土を部で作っていこうと思います。資材部は女性の比率も多いので、彼女たちが生き生きと活躍できるようにサポートしながら、その延長線上で、やれることに取り組みたい、それでみんなが幸せになればいいなと思います。

そのうえで、後輩女性たちには、「自分自身としてどうなりたいか」を貪欲に求めてもらいたいです。

どうしても人の期待を感じて自分を作ってしまうことがあると思います。それですべてを決めて「良い子」を演じてしまう経験が私にもありました。もちろんそれが必要なときもありますが、そうしているとだんだん自分がわからなくなってきます。「自分を抑えずに、何を求めているのか、何をしたら幸せなのかを貪欲に求めていいんだよ」と後輩の女性には伝えたいです。

Leader's
Profile
11

物流の現場で働く人を
支えたい

日本通運株式会社

常勤監査役

阿部 幸子 [あべ さちこ]

1964年、神奈川県に生まれ、父親の転勤に伴い、小学校後半から中学、高校を名古屋、高松で過ごす。
大学卒業後、日本通運株式会社に入社。
1988〜2017年　東京、埼玉、千葉他の関東エリアの支店や本社において、採用、労務管理や CSR 等の物流の現場を支援する業務に従事する。
2018〜2021年　日本通運の事務代行を行う関係会社社長。
2022年〜　日本通運 常勤監査役。

企業情報

本　　社：東京都千代田区

従業員数：34,299名

事業内容：陸運

会社概要：1937年の創立以来、NX グループの中核会社として物流から人、企業、地域を結び、社会の発展を支えてきた総合物流企業。世界49ヵ国・地域、316都市に754拠点を構えるグローバルロジスティクスカンパニーとして、航空、船舶、鉄道、トラック、倉庫を活用し、高品質なロジスティクスサービスを提供している。厳密な温湿度管理、振動制御が必要な医薬品、生鮮食品や美術品、プラント設備などの重量物に至るまで特殊条件を要する貨物も最適な輸送方法で運ぶ。創立100周年を迎える2037年までに「グローバル市場で存在感を持つロジスティクスカンパニー」に成長をすることを掲げ、イノベーションを進めており、物流から新たな価値を創造することに挑戦している。

ダイバーシティ＆インクルージョンへの取組み

　NX グループでは、2022年に制定した NX グループダイバーシティ推進基本方針に基づき、ダイバーシティ＆インクルージョンを推進しています。

【NX グループダイバーシティ推進基本方針】

　ダイバーシティの推進により、全ての従業員が互いの多様性を尊重し合い、一人一人が持てる力を最大限に発揮し活躍できる環境をつくることで、「従業員の自己成長・自己実現」と「NX グループの持続的成長と企業価値向上」を実現します。

　　◆多様性の尊重：年齢、性別、性的指向や性自認、国籍、障がいの有無等に
　　　　　　　　　　かかわらず、互いを尊重し合います。

　日本通運では、基本方針を実現するため、「風土改革」（女性、外国人、障がい者、高齢者、LGBTQ といった会社人員の構成的にマイノリティなど多様な人財を受容する組織の実現を目指す）、「働き方改革」（長時間労働撲滅、年休取得、テレワーク導入など働きやすい職場を実現する）、「行動改革」（従業員が自己実現に向けて自己研鑽しチャレンジする気持ちになり、それを実現しつつ、会社の事業への貢献を目指す）、「意識改革」（固定観念を払拭して相互理解を進める）、の４つの改革サイクルに取り組んでいます。

　なお、具体的な取り組みは下記のとおりです。

■多様性の推進・インクルーシブな職場風土の構築

　2030年までに女性管理職比率10%を達成すべく、ワークライフバランスの実現を学ぶ「ワークライフデザインセミナー」、管理職候補の女性係長を対象にマネジメントスキルを学ぶ「リーダーシップ研修」等、管理職には「支援型マネジメント研修」や「アンコンシャス・バイアス研修」を実施し、多様な人財が活躍できるインクルーシブな職場風土の構築にも取り組んでいます。

■ワークスタイル変革

　年次有給休暇取得率向上に向けた各支店でのボトムアップの活動を進めています。また、男性の育児休業取得促進に向けた育児休業支援一時金制度を導入し、仕事と育児の両立を学ぶ従業員向けハンドブック、管理職向けガイドブックを作成するなど働きやすい職場環境の実現のための取り組みを進めています。その他、仕事と介護の両立のための研修、服装の自由化、「さん」付け呼称、リモートワークの推進等も実施しています。

インタビュー

　横浜で生まれ、川崎、横須賀、さらには父の転勤の都合で名古屋や高松などの地で高校時代までを過ごし、1988年に大学を卒業して日本通運に入社しました。入社時は、関東エリアで鉄道やトラックの陸上輸送がメインの支店の人事担当に配属されました。当時はバブル期の大量採用の時代で、学生にはがきを送り、夜中まで電話をかけ、電報も使って採用していたことが懐かしく思い出されます。

　入社動機は、大学時代にサークル活動でいろいろな備品を運ぶことがあり、簡単なものを運ぶだけでも結構大変なので、運送会社はどんな仕事をするのだろうと興味を持ったことです。幼い頃は川崎に住んでいて貨物線のそばで育ち、よく貨物列車を見ていたことや、父親の転勤で引越を経験したことも記憶に残っていました。

　当時はまだ大卒の女性に門戸を開いている会社が少なく、採用受付をしていそうな会社を探しました。私が入社した関東エリアでは、1986年の男女雇用機会均等法の施行に合わせて、2年前から大卒女子の採用を始めていました。初年度は2人、次年度も2人、そして1988年は8人採用されました。男性は100人以上いました。女性8人のうち私を含め3人は現在も会社に在籍しており、心強い友人です。

　1993年に現金輸送などの特殊輸送を扱う支店に転勤しました。転勤には抵抗感はなく、自然に受けとめました。ただ通勤時間が片道2時間半になったのはきつかったです。1年半ぐらい頑張りましたが、都内に住むことにして今に至っています。

　社歴の前半は、給与関係や労務管理的な仕事をして、その後、物流の現場のある支店や本社で合計10ヵ所ほどの職場に勤務しました。管理職になったのは入社して14年目です。管理職の事前の打診は特にありませんでした。発令の1週間くらい前の内示の際、戸惑いながらも「わかりました」と言いましたが、そのときは「管理職」という観点よりも「次の職場で今の私で何が役に立てるか」と唸っていたと思います。

　2011年の東日本大震災のときには埼玉の支店で勤務していました。日本通運は災害等が発生した際に緊急物資輸送を行う国の指定公共機関です。震災翌日から緊急物資輸送が始まり、主に埼玉県内からの物資を運ぶトラックの手配を支店の方たちと

ともに取り組みました。

　次の千葉の支店の際は、安全や24時間稼働するトラックターミナルに関わる仕事であったため、事故やイレギュラーなことが起きたときは時間に関係なく出勤しました。その後、関係会社の社長となりましたが、その際は日本通運の給与、経理事務や作業に関わる事務、アルバイト募集ほか、各種の事務代行が主な業務であり、各支店の仕事を支えることにあたってきました。

　2022年1月からは日本通運の常勤監査役に就任しています。

男性が多い職場

　ターニングポイントとして思い出深いのは、課長としてはじめて勤務した職場です。江東区新木場の近くにある大型倉庫をいくつも抱える支店です。それまで倉庫業務や営業経験のない女性の私を受け入れた支店長は胆力があったと思います。直接的に営業手法を教えるということはありませんでしたが、お客様のところを訪問するときに私を一緒に連れて行ってくれたり、宅配便の職場の管理を担当させてもらったりと、いろいろと機会を与えていただきました。心身ともにきつい場面はありましたが、良い経験をさせてもらった

と思います。のちに自分が課長を部下に持つ立場になったときに、当時の支店長の懐の深さをより思い知りました。

　そのほかにも、いろいろな支店で出会ったたくさんの人に助けてもらいました。都内の支店のときに一緒に仕事をした方とは千葉でも一緒だったり、仕事関係のお客様と情報交換したり、ネットワークとしてとてもありがたかったです。女性の同期にはいつも支えてもらいましたし、男性の同期も多く、会社の中では恵まれていると思います。

　男性の上司や同僚と夜飲みに行くこともありましたが、あまり抵抗は感じませんでした。ただ、当時は会社の中に、昔ながらのタバコ部屋もあり、私は非喫煙者なのでそのコミュニケーションには加わりませんでした。今のオフィスには喫煙室もないので、時代は変わりました。

　当社は今でも職場には男性が多く、作業をする際は腕力があるほうが優位な仕事もあります。しかし、会社に入ってずっと見ていると、特にここ10年くらいは物流の仕事がフラットかつ多様になってきて、女性もかなり入りやすくなっていると思います。現場の車両関係の機器の性能も良くなっています。トラックやフォークリフトの操作や精密機材の出荷

98

検品等の技術も女性の繊細さが活かされて品質に貢献していると思います。

事務や営業面では、単純に右から左へ輸送するだけでなく、いろいろな保管や輸送モード、言い換えると「車・船・鉄道・航空・倉庫」を組み合わせてお客様に提案する仕事も今では多くなっており、担当する女性も増えました。

男性が多い職場という思い込みはなくして、挑戦してくれる女性がもっと増えてほしいと思っています。まだまだ開拓する余地がたくさんありますし、グローバルな仕事も多いですから、ぜひ興味を持ってくれたらと願います。

家族の影響

母は途中まで専業主婦で、妹が高校生くらいから働き始めました。父は営業や広報の仕事をしていたので、仕事でいやなことも多々あったと思いますが、くだをまくことも愚痴を言って子どもに当たることもありませんでした。自制心と責任感が強い人だったのだろうと、今では思っています。

父の転勤について行っていたので、会社に入ると転勤があるということを小さい頃から知っていた気がしま

す。自分としても自然に受け入れたのは父の影響だったかもしれません。

かつての働き方とストレス解消法

超過勤務は周囲の男性の同僚と同じ程度はしていました。午後8時過ぎまで働いている時期もありました。イレギュラー対応で土曜日に出勤することもありましたし、現場の作業が多いときは応援に行くこともありました。その時代はワークライフバランスの意識が薄く、目の前にある仕事、抱えている問題を解決することのほうが先でした。

ただ、私だけというわけでなく、世の中全体にそれが普通の時代であったと思います。近年、法律が厳しくなり、時代の流れと同様に社内の働き方もだいぶ変わってきました。

リーダーシップの形については、管理職になってからも特に意識したことはありません。ただ、常に結果として「実」が獲れればよいと思っています。関係会社の社長のときは、自分が前に出て積極的に情報発信やコミュニケーションをとることが必要と思ってやっていましたが、その時期以外は、自分でどうこうしようという意識は薄いと思います。

自分一人ですべてをやりきる力は

ないので、周りの協力を得て、いいアイデアがある人にやってもらえてよかったということが多いです。私が前に出てやらなくても、誰かが発言したことをきっかけに良い方向や良い結果に結びつけてくれればそれでよいと思っています。そこにこだわりはありません。

　自分の働き方については、今でも時間管理や気分転換がうまくできないので、ストレスは強制的に身体を動かして解消するようにしています。コロナ禍で人と接するスポーツが制限されてからは、サイクリングを楽しむようになりました。

性差はあるが、女だからで済ませない

　関係会社のとき、多くの女性と一緒に働き、あらためて女性の身体の問題は働き方にも影響が出やすいことを実感しました。生理痛や妊娠、不妊治療、出産後の体調不良、育児、50歳前後になったら更年期障害など、個々に違う身体の変化とそれに伴う心の問題などに、仕事の折り合いをどうつけていくかが課題だと思います。

　また、その経験から女性は、仕事とともに、結婚や子どもを産むか産まないかなどプライベートも選択肢が多いので、自分で選ぶという覚悟は持っているほうがよいと感じました。

　さらに、選択をしなかったというのも一つの選択なので、選択しなかった自覚もしておけば、あとで後悔するということは、だいぶ減るのではないかと思います。自分にもそう言い聞かせています。

　私自身は、わりと恵まれて仕事をしてきましたが、女性に対するアンコンシャスバイアスを感じることはあります。行き詰ったり、うまくいかないときはどこかで「私が女だからか？」という思いが湧き出ることもあります。

　管理職になって数年経った頃、それでは答えが出ず、次の行動に移ることができない、という点に思い至り、要因を考える順番を次のように変えてみました。

　①判断するための知識の欠如
　②実行するための経験不足
　③権限（役職）
　④地域性
　⑤性別

　私にはその業務に対する知識はあるのか？　経験値は足りているのか？　相手は私の役職や職責に納得しなかったのではないか？　支店のある地域の慣習や支店の流儀を理解していないからではないか？

順番に消していくと、よほどでない限り、最後の「女だから」はなくなると思いました。うまくいかないのは自身の判断や経験に不安があるというシグナルです。私がその仕事にきちんと対応できれば安心してもらえるはずで、それにはどうしたらいいかをシンプルに考えるようにしました。

たとえば、私は陸上輸送の仕事が多かったので、航空や海上輸送については知識不足の傾向があり、航空の経験と知識が必要な仕事をして失敗した場合の一番の要因が性別ということはありえません。必要であれば補うために学び、周囲から情報を得るしかありません。

女性であることを
メリットに

新入社員研修の際、通常の研修にプラスして女性だけのマナー研修がありました。低いテーブルにお茶を出す際のしゃがみ方など、かなり具体的に教えこまれました。

若い頃、お客様がいらしたらお茶を出すことは女性の仕事だというのは当然のようにありましたが、私が一番年下だからやるものとも思っていました。今は男女の区別はありませんし、コロナの影響でお客様にお茶を入れること自体、機会が減りましたね。

20年ぐらい前は私が外部からの電話に出ると「ちょっと誰かいないの」というのはいくらでもありました。これに関してはよい面もあって、クレームのお客様の場合に、「女の子しかいないならいいや」と言って諦めて切ってくれることがありました。

数年前、関係会社の社長のときには秘書のフリをしたこともあります。社長は男性のはずである、と思い込んでいる方に「申し訳ございません。社長は外出しております」と言ったこともあります。いずれも気持ちのよいことではありませんが、お断りできるという、結果のほうが優先と割り切っていました。

本社ではセクハラ・パワハラほか、ハラスメント防止にも携わりました。時代の流れで女性を含む多様な視点が必要な仕事が出てきたと思いました。そういうことも含め、管理職として仕事をしてきたのは、タイミングと運が8割、あと2割が自分の好奇心かもしれません。

自己肯定感が低い理由

自己肯定感はすごく低いと思います。家族から大切にされてきたので、

自分の存在自体を否定することはありませんが、仕事ではいつも「これでは受け入れられないのではないか」と不安になります。対人関係で悩んだときは、私はその人にはなれない、と最終的には諦めをつけるのですが、悩みはします。自己肯定感が低いのは、自意識過剰で俯瞰ができていないせいかもしれません。反省点は多いものの、自己肯定感が強すぎて周囲に自分のやり方や考え方を押しつけるよりは、今の自分でいたいと思っています。

　一般的には（私は別にして）、女性のほうが完璧主義的な方が多い気がします。70％で良しとするのではなく、100％まで頑張らなければという意識が強い傾向があると思います。自分の理想よりも現実的な目標を立てていくことで楽になれるのではないかと思います。

これからの目標と
おすすめの本

　誠実に仕事をしたいと心がけています。そのためには、いつもこれでいいのかなと自分に問いかけ、考えることを止めないことが大切だと思います。

　これまでの仕事の経歴として物流そのものより物流の現場で働いてる人にやりがいや働きがいのある職場を作ることが主な仕事でした。

　今の監査役の仕事も支える側の立場です。会社の仕事を立案したり、実行したりするのではなく、施策が健全かどうかを見守り、困り事が発生しないように防止するのが責務です。会社の機能として重要であり、その機能はさらに重要になってくると思い努めています。監査役は「ダメだよ」とSTOPをかけることが仕事と思われがちですが、「大丈夫ですよ」とチェックしてOKを出すことも大事な役割です。

　今のやりがいは支店や関係会社に視察で行ったときに、キビキビ溌剌と現場で働いている人に出会うことです。目標としては仕事に対してプロでありたい、と思っています。

　おすすめの本は、フランスの作家レティア・コロンバニの『彼女たちの部屋』です。仕事に疲れ、燃え尽き症候群となった女性弁護士がリハビリのために女性会館（困窮女性の保護施設）で代筆業をはじめ、そこで出会う女性たちとの関わりを通じて再生していく話で、元気が出る本です。ほかには、高野文子さんの漫画『るきさん』。疲れたときに読むと、ほのぼのした気持ちになれます。気分転換になり、長年愛読しています。

12

子どものときの夢を叶えて
女性初の外航船船長に

日本郵船株式会社

海務グループ海務情報サポートチーム 船長

小西 智子 ［こにし ともこ］

1983年生まれ。

国立鳥羽商船高専 商船学科・航海コースを卒業。

2004年に日本郵船に初の女性三等航海士として入社。初めて乗った船はカタールから液化天然ガスを日本に運ぶLNG船で、以降は北米や欧州航路のコンテナ船、世界一周をする自動車船など、様々な航路で乗船勤務を経験。

2008年に二等航海士、2010年一等航海士、2011年から自動車船グループで陸上勤務を4年ほど経験した後、2017年に船長。海上勤務と陸上勤務を交互に繰り返し、社会人人生の半分にあたる10年は海の上で過ごす。これまでの航行距離は54万海里（約100万 km）で、地球25周分を航海してきた。

現在は、陸上勤務で海務グループに所属しており、船の安全管理システムの電子化プロジェクトに携わっている。

企業情報

本　　社：東京都千代田区

従業員数：35,502名（連結ベース）

事業内容：海運

会社概要：日本郵船グループは1885年に設立され、"Bringing value to life." を企業理念として定期船事業、航空運送事業、物流事業からなるライナー＆ロジスティクス事業と、不定期船備船事業、不動産業とその他事業を営む。600隻を超える世界有数の大規模船隊と「海・陸・空」に広がる国際輸送網を駆使する総合物流企業である。今や "モノ運び" の枠にとどまらず、脱炭素化に向けた様々なグリーンビジネスに着手するほか、ESG を中核に据えた成長戦略を基本方針とし、最新デジタル技術を駆使しながら環境問題をはじめとする社会課題の解決に貢献することで、企業価値・社会価値の持続的な創出に取り組んでいる。

ダイバーシティ＆インクルージョンへの取組み

　グローバルに事業展開する NYK グループの社員数は約3.5万人、このうち8割弱の社員が日本以外の地域で勤務しています。多様な人材が世界各地で各種事業にあたり、当社グループ運航船には、多国籍の船員が乗船しており、24時間／365日、現場を支えています。

　様々な事業や現場における多様な人材が持つアンテナこそが、多様なステークホルダーのニーズに応える力や新たな事業の芽を見つけ育てる力、そして社会課題の解決に取り組む力につながり、ひいては当社グループが各国・地域に拡がるフィールドで Sustainable Solution Provider として成長し続ける鍵であると考え、女性、シニア、外国人、障がい者を含め、あらゆる社員の活躍とキャリア形成を支援し、適切な処遇と登用による多様性の高い組織作りを目指しています。

　日本郵船では、多様な人材がそれぞれのライフイベントを重ねる中で、継続して活躍できるよう様々な施策を実施しています。2008年には、配偶者の転勤によりキャリアを諦め退職を余儀なくされることがないよう、配偶者転勤休業制度を制定しました。制定後しばらくは女性社員の利用が続きましたが、2018年以降は男性社員も利用しています。そのほか、法定を超える育児・介護休業制度、フレックスタイム制度、短時間勤務制度など、様々な事情を抱える社員も仕事と生活のバランスを取りながら、業務を遂行できる仕組みを整えています。

　同時に、管理職の意識改革を目的としたイクボスセミナーやアンコンシャスバイアスセミナーの開催、男性社員への積極的な育児休業取得を促す育パパプラス制度の導入など社内の意識啓発にも努めています。

　このような施策の積み重ねにより、現在、当社の女性管理職比率は約14%、男性の育児休業取得率は約72%、勤続年数の男女差もなく、育児休業、介護休業取得後の復職率やその後の定着率もほぼ100%で推移するなど、その効果が表れています。

　今後も NYK グループとして、ジェンダーに限らず、すでに存在している多種多様な人材に公正な機会を与え、個々人の能力が最大限に発揮されるよう、ダイバーシティ＆インクルージョンを推進していきます。

インタビュー

船乗りになりたくて
商船高専に進学

　生まれは三重の松阪です。小さい頃から父の趣味のヨットに乗せてもらっていたので、船が好きになりました。小学3年生のときに、地元の港に来た自衛隊の掃海艇を両親と見に行き、人生で初めて海の上で働く仕事があることを知り衝撃を受けました。中学生になると一般商船に関心を持ち、島国の日本は輸出量の99.6%を船で運んでいることを知り感動しました。

　将来は船乗りになりたいと思うようになり、国立鳥羽商船高等専門学校に進学。商船学科は40人クラスで女性は2人だけでした。卒業後、三級海技士（航海）という国家資格を取りました。

　就職活動では、外航船の船乗りになりたかったので、日本郵船のほかにも2社受けたのですが、日本郵船だけが女性を採用すると決めてくれました。外航船員を希望していた高専の先輩には開かなかった扉が、私のときにカタッと開いたのです。男女雇用機会均等法を小学校で習ったので、まさかなりたい職業で男女差

があるとは思わずに高専に入りました。高専は、女性が望む就職先はないかもしれないけれども受け入れてくれ、先生方も私の挑戦を止めませんでした。そのおかげで今があります。

　面接のとき、「少林寺拳法をやっていて、右の回し蹴りが得意です」とアピールしました。頑丈そうなところが採用の決め手になったのかもしれません。

女性で初めての
外航船船長に

　2004年に日本郵船に入社しました。私が最初に乗ったのはカタールに行く、LNG（液化天然ガス）を運ぶ船でした。中部電力にもガスを供給していたので、実家の電気を自分が運ぶのかと身近に感じました。不安はなく、冒険心からワクワクしました。

　三等航海士として乗船し、そのときから Able Seaman という自分の相棒のような形で仕事をする部員が自分の下に付いていました。その頃は、振り向けば上司である一等航海士や先輩の二等航海士がいましたし、一番若いということで、管理する立

場という意識は薄かったと思います。

2008年に二等航海士、その２年後に一等航海士になりました。会社が10年で船長を作ろうとしていた時代で、乗船履歴などの受験資格をクリアしながら計画的に昇進しました。

一等航海士になると、船のエンジンルームを除くすべての船体と乗組員全部を見ることになります。長い航海のうち、このあたりでパーティーをしよう、ここは航路的に荒れるから、このへんでものをきちんと縛っておく作業をしようなど、自分の采配で計画を立てます。全長300メートルもの船を自分がマネジメントしている充実感がありました。

2011年からは自動車船グループで陸上勤務を４年経験し、2017年に船長に登用されました。女性で初めての船長です。

これまで54万海里を航行、地球25周分

船に一回乗ると半年ぐらいは乗り続けます。スエズ運河を通って地中海に入ってジブラルタル海峡を越えてヨーロッパに行って、そこから北米に回ってパナマ運河を越えて日本に帰ってきます。積み荷でいえば、日本で4000〜5000台の日本車を積んで中近東とヨーロッパで降ろして、今度はヨーロッパ車を積んで、アメリカで降ろして日本に持ってくる。楽しいですよ。

海上勤務と陸上勤務を交互に繰り返し、社会人人生の半分、約10年は海の上で過ごし、これまでの航行距離は54万海里（約100万キロメートル）、地球25周分になります。陸上勤務をすると、陸上からの指示の背景を知ることができます。双方で顔見知りが増えるので仕事がしやすくなり、会社の一員としての一体感が持てるようになりました。そしてそれは、頑張る活力になります。私は、陸と海では顔つきが違うようで、海では目がきついと言われます。海では緊張していて、緩急をつけているのだと思います。

両親や先生が応援してくれた

就職して５年ほど経ったときに、母から「商船高専に行きたいと言われたときは、眠れなかった」と言われました。親の想像している一般の女性の進む方向とは違う道に進んでいくことがとても心配だったようです。しかし、子どもの人生設計や職業選択を尊重して口を出さないと決めていたそうで、両親に止められることはありませんでした。「やる限

りはしっかりしなさい」とは言われました。

高専時代、女性の先生はたった2人でした。そのうちの一人が英語の先生で、「ロンドンに行きませんか」と誘ってくれ、もう一人の友だちとともに連れていってくれました。それが初めての海外でした。外国航路の船乗りには英語は必須で、卒業後も条文の翻訳で悩み、この先生に質問させていただいたこともあります。

その時々で、いい先生、いい学友、いい先輩後輩に出会い、母には「人との巡り合いがいい」とよく言われます。

やりがいとモットー

自分の仕事の結果で社会に貢献できることを子どもの頃から望んでいました。made in Japan ではないものを見たとき、これはもしかして私が運んだものかもしれない。そう思った瞬間、私のしていることには意味があると感じます。それがやりがいです。

船の上での私のモットーは、「みんながニコニコして最後にいい船と思って降りてほしい」です。そのためには病気やケガをすることなく、自分は船のためにいいことができた

という充実感をもって船を降りてもらいたいと思っています。船をきれいに整備してくれた人には「ありがとう。あなたのおかげでこんなにきれいになったよ」と伝え、ご飯を作る人たちが野菜をたくさん使ってくれると「健康的でいいねえ」「美味しくてやる気が出るよ」とエンカレッジする言葉を掛けています。

若い頃はもう少し厳しいほうがいいのではと悩みましたが、人が自分の持てる力を全部使って一生懸命やろうと思えるのは、いい仲間がいて「頑張ろう」と互いに言い合えるときだと気づきました。今は、「これやれ、あれやれ」とガミガミ言ったり、「あれができてない」と叱って萎縮させてしまったりするよりもエンカレッジするほうがずっとよいと、ようやくたどり着いたところです。もちろん、命の危険を考えて、怒らないといけないこともあります。キリっとするところはキリっとしないといけません。

「今まで大変だった船は？」とたまに聞かれますが、航路でも環境でもなく人間関係がうまくいかないとむずかしいですね。どんな困難でも、船の中でチームがうまくいっていれば乗り越えられます。安全に荷物を運んで、この仕事を全うして家族のもとに帰るという目的は一緒なので、

団結しやすいというのはあります。

　20代で新造船の初航海を担当したとき、あまりにも疲れて思考能力が落ち、海に飛び込んでしまいそうで、夜は海のほうに近寄らないようにしようと思ったときがあります。乗組員が一丸となって大変さを分かち合って乗り越えた結果、自信がつきました。一人で乗り越えるのではなく、チームで乗り越える大事さを感じました。

　その後も自信をなくすことはありましたが、「元気ないじゃん」と言ってくれる先輩、思い詰めている様子を見て「そんなに肩肘はらなくてもいいから」と言ってくれる上司、慕ってくれる後輩などに助けられました。

　ほかにも、自分が落ち込むと周りも落ち込むから、みんなが笑えるように自分は笑っているよと教えてくれた20代のフィリピン人乗組員など、船の中の雰囲気をよくしようとしてくれる若い仲間たちがいます。彼らはクリスチャンですが、船にある神棚を綺麗に保ってくれます。私たちも彼らの部屋に点検に入ったときは十字架を大切に扱います。常々、相互にリスペクトしているなと感じます。ムスリムのグループとも仕事をしており、多国籍の乗組員と一緒に働くというダイバーシティ＆インク

ルージョンを船の上で経験しています。

ストレス解消法

　海の上では、「きょうはきれいな朝日を見た」といった、日常のちょっとした幸せを糧に仕事をします。船乗りは娯楽も少なく、人間関係も限られていて家族との連絡もそんなに取れません。「きょうは自分の好きなご飯が出た」というような毎日の小さな喜びを陸上の生活の何倍にも感じて船の生活を楽しみますが、それができなければ、航海は続けられないと、船乗りたちはやや自嘲も込めて笑い合います。虹を見られたから、きょうはいい日だ、という感覚を大事にしていきたいです。

　船上ではほぼずっと仕事をしている感覚になります。オンとオフをきっちり分けるのはむずかしいので、港に着くと数時間でも上陸して外の空気に触れてリフレッシュするようにしています。一等航海士になってからは、若い航海士に外に出てもらっていますが、留守番している私に「甘いものお好きでしょう」とお土産を買ってきてくれたときは嬉しかったですね。

　陸にいるときは、四季もありますし、そのときにしか楽しめないコン

サートやイベントを体験できて充実しています。旅行が好きで、海外にも行きますが、これからは日本を再発見してみたいです。最近は離島の旅が好きです。

今は横浜に住んでいて、仕事で海に関わっているのになぜまだ海に寄っていくのかと言われますが、汽笛の音が聞こえてきて、やはりいいですね。

自己肯定感

周りに、よくできる人がいたので自己肯定感が高いと思ったことはありませんが、自分の芯みたいな、絶対ゆるがされないものはあると思います。それが自己肯定感かもしれません。周りの人を見ていると自分はまだまだと思い、もっと頑張らなければと思わされることが多いです。

これまで私は、十分思い悩んだ後に、自分で決断してきました。長く落ち込んだままでいることはなく、どこかで割り切ります。

悩みを
相談できるようにしたい

日本郵船が、10年で男女関係なく船長にという方針だったので、制度面でも仕事上でも女性であることが枷になったことは一度もありません。船の上の世界は、階級による上下関係やポジションがはっきりしているので、他の業界の女性第一号の方に比べると、入り込みやすい世界だったと思います。

今の陸上チームの約半分は、保育園児や小学校低学年のお子さんがいる女性たちです。リモートワーク併用のフレックスで、みなさん、すごく生き生きと働いていて、ワークライフバランスをとりやすくなったと思います。

女性に限らず、若い子が会社を辞めて行くときに、なぜ悩みを教えてくれなかったのかと思います。会社も相談窓口を設けていて、人事にいけば話を聞いてくれますが、ハードルが高いのかもしれません。年次が上の人が歩み寄り、相談しやすい雰囲気をつくってあげることが大事ではないでしょうか。悩んでいる人がいると人事に伝えてくれたり、別の方法を提案してくれたり、「苦しんでいることを溜め込む必要はないよ」と言ってくれる2～3年上の先輩がいるといいですね。上下の縦ラインよりも斜めの横ラインにいる人のほうが、あるいは別の仕事をしている人のほうが、フラットに聞いてもらえて相談しやすい面があります。

それから、我慢には、しなければ

いけない我慢と、しなくていい我慢があります。この先、頑張るために耐えなければいけないことなのか、しなくてもいい我慢をして自分だけ、どんどん消耗していっているのか、若い頃は見分けがつきません。少し上の人に「それは我慢しなくてもいいことだよ。会社に相談したら解決できるよ」「今はつらいかもしれないけど2〜3年経ったらもっと楽になるよ」などと言ってもらえたら、辞めなかったのではないかと思うこともあります。

漫画で自分を見つめ直す

『プラネテス』という宇宙をテーマにした漫画があります。22〜23歳の頃、船乗りになった私に、友人が「宇宙船の船乗りの話だよ」と貸してくれました。主人公は宇宙船を自分で買う目標を持っていますが、心の中ではその夢は叶わないとわかっています。事故にあって健康を害してしまい、もう自分は夢を追いかけ続けることができないかもしれないというときに、もう一人の自分が出てきて、「病気で引退するという大義名分を得て、ホッとしているのではないか。頑張り続けることを諦めていい言い訳ができたな」と言います。

夢を持っていたのに、病気になったからできなかったと安穏とした生活を送るのかと、自分ともう一人の自分が葛藤するシーンを読んだときに、すごくショックを受けました。私も船に乗っていて、頑張り続けていくことに山を感じていたこともあって、「そうか、こんなふうに、言い訳を探し始め、言い訳を見つけて安心してしまうというのは自分の中にもあるのではないか」と、心臓をこうギュって鷲掴みされたような気がしました。一回読んでガンってショックを受け、それ以降読み直していないので差異があるかもしれませんが、本当に突きつけられた気がしました。

これからの希望

この先も、船長としてやっていきたいと思っています。女性の後輩ももっと増やしていきたいです。

私自身は会社に入ったときにロールモデルがいなかったので、自分で好きなようにやりたいことをやってきました。今はいろいろなタイプのロールモデルがいて、比較対照し参考にすることができます。結婚出産などで離れていく女性もいるので、サポートできる仕組みを会社と協力して考えていきたいと思っています。

Leader's Profile 13 ｜ キャリアは一人では歩めない。大切なのは支え合える仲間

万協製薬株式会社

生産管理部部長

高島 久美［たかしま くみ］

1971年生まれ。
食物専攻の短大を卒業し、栄養士の免許を取得。
1991年日産プリンス三重販売株式会社へ就職。ディーラーの営業として、たくさんの人との出会い、仕事の基礎、仲間との協働、仕事の楽しさなど多くの学びがあり、この経験がその後の仕事に活かされている。2002年三重ブラザー精機株式会社にてライン作業（製造業）に初めて携わることとなり、上司によい評価をいただき製造の流れを学んだ。同年、万協製薬株式会社へ派遣として入社し、正社員に登用された。生産管理課の発足、管理職（課長）へと昇進。万協製薬では経営について学ぶ機会が多く、その経験を活かし、2016年にグループ企業の社外取締役。現在、万協製薬生産管理部部長とグループ企業社外取締役を兼任。

企業情報

本　　社：三重県多気郡
従業員数：240名
事業内容：医薬品
会社概要：1960年神戸市長田区に製薬会社を設立。しかし1995年1月17日の阪神・淡路大震災にて工場が被災し全壊。翌年に三重県多気郡多気町に新工場を建設して本社・工場ともに移転。2023年で三重県に移転して27年。63年の歴史を有するスキンケア商品専門の企画・開発・製造メーカー。万協製薬株式会社の社名の由来は「万人が協力して、良い製品作りを行う。」という創業時のスローガンからきている。万協製薬は5つの理念を持ち、中でも5番『万協製薬は、独創性を持ち迅速・確実・安価・快適であることを最高の価値基準とする』を共有し、社員の成長を促す仕組みがあり、社員を大切にしている会社。

ダイバーシティ＆インクルージョンへの取組み

　経営幹部の経営判断スピードが迅速で、業務改善や制度改善を積極的に行っています。「社員エンパワーメント」（情報公開と権限委譲）を徹底して行っており、自己成長を促す仕組みによって、男女関わらず成長できる機会を設ける等たくさんの仕組みがあります。例えば松浦社長による『次世代塾』を開催し、社員が経営者の考えを聞く機会があり、誰でも自由に参加できます。

　プチコミファミリー制度は、勤続年数、所属、性別が異なる６人で班となり、１年間食事や海外・国内旅行を行い、普段接点のない社員とも交流ができ、会社から旅費の補助や食事代が支給されます。関係性が希薄になる昨今、先輩社員に気軽に相談ができる事を目的としています。食事をしている時が一番、会話が弾むという考えから緊張を解きながら、話し合いができる環境を整え、相談しやすい仕組みを作っています。

　提案書制度（社長直行便）があり、社員が働く現場単位で職場改善を行う権限を与えており、社員一人ひとりにも自ら考えて行動してほしいと考えています。一般的な製造工場でも提案書制度はありますが、万協製薬では社長自身が一つひとつにコメントをし、提案内容によって手当が支給される事が特色です。

　新卒採用を毎年しており、男女問わず若い世代が入社してきます。年齢を問わない教育制度があります。

　モジュールという業務を細分化したシステムがあり、このモジュールの習得を進めることで、評価とモチベーションアップにつなげています。

　キャリアアップについて１年間の計画を立て、部門長（リーダー・課長）が面談を行って、一人ひとりの成長を促す仕組みとなっており、リーダー面談で相談ができるという環境を整えています。またデジタル教育の【BANKYO 人材教育プログラム】は、リーダーシップ、コモンセンス、リベラルアーツ、アートの４項目に分かれており、好きな項目を選び学べます。その場に参加できない場合も、このデジタル教育で学ぶことが可能となっています。

　このように年齢や立場に関係なく、学べる仕組みが作られているのです。

　女性役職者の登用も2023年度約30％に達する見込みです。女性の視点や観察眼、子育て等で培ったコミュニケーション能力や対応力、コーチング力等を、職場環境の改善や人材教育に活かし、活躍することを期待しています。性別・年齢を問わず活躍できる場を提供している会社です。

インタビュー

仕事のやり方や考え方の軸
となった日産プリンス時代

新卒で、日産プリンスに営業として入社しました。

当時、短大の先生から紹介されたのが、化粧品事業の会社とジュエリー関連の会社、そして日産プリンスでした。

子どもの頃から工具に慣れ親しんでいたこともあり、一番興味があるのが自動車関連だったので日産プリンスを選びました。

バブルが崩壊した翌年くらいで、まだまだ景気のいい頃でした。自動車も売れていた時代です。ノルマや理不尽なクレームなど厳しいこともたくさんありましたが、つらいときは先輩に助けていただきました。たくさんの経験をさせていただき、苦しいことよりも楽しいことのほうが多すぎて、それで乗り越えることができたと思います。

日産プリンス時代は、大きな組織で働いた経験もそうですし、仕事の中で相手に対しての伝え方、報連相の大事さ、息の抜き方、仲間の大切さなど、仕事のやり方や考え方の軸となる、様々なことを学ばせていた

だきました。

今でも、当時一緒に働いたみなさんとはお付き合いがあり、いつも全部を受けとめてくれ、私の全面的な味方でいてくれます。

ここでの5年間が、今の万協製薬での20年を支えているともいえます。

今の仕事の根幹となる
「生産スケジュールの立案」

万協製薬へは、当初は派遣社員として勤務し、その後、契約社員として入社しました。入社当初は、自分のキャリア形成について、深く考えていませんでした。現場の仕事や仲間が好きだったので、その当時は現場で仕事をすることを望んでいました。

しかし、その時々に任務を与えられ、その業務に専念することで、自分の成長につながっていったと思います。

その翌年、正社員として登用していただきました。それから20年、万協人生が続いています。

当時は従業員の人数も少なく、製造現場は女性ばかりでした。機械などは苦手な方が多い中、自分は家業の関係で子どもの頃から工具に触れ

ていましたし、日産での経験もある
など、機械には比較的に強いほうだ
ったことなどから、設備導入の立ち
合いや切替作業、ビジネスパートナ
ー様とのやり取りに選出されました。

そのときも設備についての説明や
オペレーターへの引継ぎなど、たく
さんの問題もありましたが、何度も
対話を続けて解決してきました。ま
た、社外の人との交流、関係性、社
内に向けての教育を少しずつ学びま
した。

それから1年半後くらいに、事務
所で製造管理の仕事に就くことにな
りました。当時、事務所に異動にな
ることは望んではいませんでした。
自分は現場が好きでしたし、当時の
仲間と一緒に生産に携わることがモ
チベーションとなっていたからです。
しかし製造部の生産管理業務を行う
ようになりました。

このとき、製造の要となる生産ス
ケジュールの立案を、当時の工場長
より教えてもらいました。

ここが、私の万協人生1回目のター
ニングポイントになった部分かも
しれません。

それから、受注担当の女性が退職
したり、当時の工場長が退職したり
といったことが続いて、受注業務な
どの顧客対応から、生産スケジュー
ルの立案、出荷日確定など、生産管

理のすべてを一人で行わなければい
けなくなるなど、とても大変な事態
となりました。そしてこのとき、出
荷手配の男性1人と自分のたった2
人で、製造部生産管理課を立ち上げ
ることとなりました。

ちょうど同時期に課長制度が誕生
し、課長に就任しました。

初めて役職就任を言われたときは、
驚きましたし、あまり実感がありま
せんでした。今までなかった役職で
したし、生産管理課が発足して1年
も経ってない頃だったので、管理職
がどのような業務を行うものか、ま
た部下への対応もわからないままで
した。しかし一方で、与えられた仕
事に責任を持って対応しようと心が
けました。

同時期に課長になった3人とは
「4K会議」を始めることにしました。
各課の状況を全くわかっていなかっ
た時期です。いろいろと模索した結
果、気づきのある課長会議として発
展していき、今も継続しています。

自分の人生を自分中心に考えて もいいという気づき

私の実家は家業を営んでおり、祖
父や父が仕事の合間に
「仕事は段取り八分！」
とか、

「昼のかかりからの段取りが重要」
「新人のときは誰よりも一番に現場
に入る」
「掃除が基本」
「お昼ご飯をのろのろ食べているな
んて、仕事も遅い」
などと言っていたのを鮮明に覚えて
います。これが私の行動基準になっ
ているかもしれません。

　今でも意識せずに一日の午前・午
後で計画を頭の中で立てて行動して
いる気がします。同時に「女の子な
んだから」「男だったらよかったの
に」といった、今では考えられませ
んが、性別による役割分担意識があ
たり前の中で育ってきました。

　課長になった翌年に母が足の手術
をすることになり、「私が会社を辞
めるわ、だから手術して」と伝えた
ところ、泣いてありがとうと言って
くれました。そのときは、仕事を辞
めることに後悔もなければ、家庭を
優先することがあたり前と思ってい
ました。

　退職について松浦社長にお話しを
しました。数日後、松浦社長と慶子
専務に呼ばれ、３人で面談となりま
した。そのとき、松浦社長と慶子専
務に、
「あなたは、今までの人生、お母さ
まの補助をして、支えてきたのでし
ょう。だから今回も自分がするのが

普通と思っているかもしれないけど、
あなたが犠牲になることはない。自
分の人生について考え、良い答えを
出すべきです。会社を辞める必要は
ない。今のキャリアが止まってしま
う。なんとか継続できるよう、考え
ましょう」
と言っていただきました。

　まさか、母の犠牲にならなくてい
い、と言われるとは思ってもいませ
んでした。自分が犠牲になっている
と思ったことがなかったからです。
「自分の人生について考えていい。
自分を中心に考えていいんだ！」
と気づかされました。

　ここが２回目のターニングポイン
トです。結果、介護休業を万協では
じめて適応していただき、３ヵ月の
お休みをいただきました。

万協製薬で得た多くの気づき

　同じ時期に経営品質の活動を進め
ることになりました。そこで経営品
質に関する研修にも行かせてもらい
ました。

　万協自体も急成長した時期でした。
第一工場だけでなく第二工場ができ
て、その第二工場もフル稼働という
状況です。

　社内のことにも目を向けつつ、顧
客からの要望にも応えていかないと

いけないという状況で、バランスよくやっていくことが求められました。とても忙しかったものの、その経験が学びになりました。

これ以降、経営ということが少し身近に感じられて、「会社のあるべき姿」、すなわち自分のあるべき姿を考え、それを達成するためには、どう行動していくべきか？　というようなことを考えるようになりました。

多くの社外の人との出会いもありました。万協製薬に入社していなかったら、大企業の社長といった方々とお話しする機会もなかったと思います。社外の人から褒められることもなかったかもしれません。それらが大きな成長につながりました。

人前で話をすることなどできなかった自分が、講演に呼ばれるようにもなりました。私の万協製薬での経験を興味深く聞いてくれる人がいる、ということにも驚きました。

また講演する中で、経営者といったトップの強いリーダーシップだけでは、元気な良い会社はできない、ということに、私自身が気づきました。その理念や経営者の考えに賛同し、共感し、一緒に活動し、従業員との橋渡しとなる人たちが必要です。会社の規模にもよると思いますが、ここが絶対的条件だと思います。強

いリーダーシップをもった経営者が必要なのはもちろんですが、それだけでは何も起こらないと、今は思っています。必ず理解してくれる仲間が必要です。

このように、万協製薬に入って以降、いろいろなことを任されたり、課題を与えていただいたりしてきました。私は性格上、

「もうこの会社の全体はざっくり理解できたし、多くの学びはないな」

と思うと、すぐ辞めたくなるのですが、そのつど、新たな挑戦や任務を松浦社長から与えていただきました。

思うようにいかないことのほうが多いですし、失敗もありましたが、それで成長し続けることができたのだと思います。社長からは時に、

「もっと君の悪さを出していけばいい」

と言われたこともあります。「バレた！」とびっくりしました。入社して10年くらいは経っていました。いつもお利口さんを装っていたつもりでしたが、悪さがあることを見抜かれていました。でもそう言われたことで、楽になりました。悪さは日産時代からのものですね。

本当はライン作業で黙々としゃべらずに、手を動かしているのが好きです。ライン作業以外では、裏方が好きです。段取り10なので。でも万

協で求められることは真逆で、表舞台に立つことが多くなっていきました。これは、私の得意とすることとは正反対で、苦手なことを求められました。そこから、

「やりたいことと求められることは違う」

と学びました。「やらなくてはならなかった」の連続で、結果、成長できたと思います。

このように、自らが挑戦するというより、与えられた職務に対して真剣に向き合ってきたことが、成長し続けられた、という結果になったと思います。それが今のキャリア形成につながっていると思います。

キャリアを続けていくうえで大切なもの

一番大事にしているものは、私のことを理解し同じ方向を向いて一緒に仕事をしてくれる仲間です。

仲間たちには

「高島と一緒に仕事したら絶対楽しい」

と思ってもらいたいですし、思わせる自信もあります。楽しんで仕事をしなければうまくいかないと思います。

忙しくてもみんなが楽しそうに仕事をしているのを見ると、やりがいを感じます。

逆に仲間が支えてくれることもあります。すべての方から、私がどういう人間かを理解されているわけではありません。だから妬みや嫉妬から悪く言われることも多くあります。男性・女性、問わずです。でも、理解して一緒に頑張ろうと、守ってくれる仲間が近くにいました。今もそうです。いろいろなことから守ってくれます。その人たちが頑張ると言っている間は、私も頑張ろうと思います。こんな自分を慕ってくれている後輩が支えてくれ、乗り越えてきました。

万協製薬で20年、そんな仲間たちと仕事を続け、必要とされていると感じてきたから続けているのだと思います。

キャリア形成において今もなお、男女差は感じています。理解は増えてきたとはいえ、同じというのは、まだまだ、むずかしいのではないでしょうか。

年齢についても50歳前後は世代交代を視野に入れる必要が出てきます。普段の業務では、電話対応や顧客とのweb会議など参考になるように、自分一人ではなく、一緒にメンバーに出てもらい、そのあと、説明をします。自分がやっている仕事や業務、判断に至っても、次世代につなげていくことが大事だと思っています。

「今」に至る出会いや経験を
次世代につないでいきたい

2016年にグループ企業の釜屋化学工業の社外取締役に就任しました。

ここが3つ目のターニングポイントです。赤字経営の理由や品質向上、会社の中で一緒に動いてくれる仲間を見つけ出す、万協イズムを伝える、明るさを伝えるなど、たくさんのことを考え、本当に走りぬきました。ここでの学びや経営についてのむずかしさを経て、より成長を感じました。釜屋化学と万協製薬と二足の草鞋を履くことになり、大変でしたが周りの協力があり、ここまでこれたと思います。これからもどちらの会社も精一杯、努めたいと思います。

万協製薬での今後は、自分の部署に限らず、他部署についても考えていきたいと思っています。

若い世代の人が誰にも相談できずに辞めていってしまうのは防がなければなりません。最終的に本人がどのような決断をするにしても、何か少しでも気持ちが楽になるように話し合えればと思います。

私自身、同じ三重県の井村屋グループ社長の中島伸子さんや、松浦社長のパートナーの慶子さんの存在に感銘を受けたり、彼女たちが支えとなった経験があります。慶子専務は一番近くにいる女性のお手本です。時々しか、お目にかかることはありませんが、いつも会うと元気をいただきます。

自分自身も次世代につないでいけたらと思います。

自分の人生を振り返ると、たくさんの失敗を繰り返し、苦しいことも多くありましたが、今、人から必要とされ、多くの人と関わりをもって生きています。一番良かったと思うことは、人と運に恵まれた点です。常にその時代時代で支えてくれる人が周りにいました。周りの仲間には感謝しかありません。もちろん仕事でも導いていただき多くの学びを与えていただき、ここまで成長できました。仕事をするうえでは、自分が得意とすることと求められることに違いが生じるかもしれませんが、それも挑戦です。評価は、自分が自分にする評価より、人がする評価のほうが正しいと思っています。だから多くの人にいろいろなことに挑戦してほしいです。

女性は、心や思いや苦しみが身体の弱い部分に出ます。出てしまってからでは遅いので、自分自身を大切にしてください。健康であることもキャリアを続けられるポイントの一つだと思います。

人はいつでも変われる。
臆病な私の人生を変えた決断

株式会社星野リゾート・マネジメント

「界 雲仙」総支配人

山根 凪紗 ［やまね なぎさ］

1992年生まれ。

京都で伝統文化に親しみながら育ち、幼いころから日本文化に興味を持つ。

学生時代の経験を経て、「旅とは世界の人たちを友人として結んでいく魔法。」という星野リゾートの使命感に共感し、2015年新卒で星野リゾートに入社。

青森県「奥入瀬渓流ホテル」で勤務を開始、その後、石川県の「界 加賀」リニューアルオープンに伴い異動。加賀での5年の勤務を経て、コロナ禍における会社の危機に奮起し、総支配人に立候補。

2020年12月から「界 加賀」総支配人を担当する。

その2年後には、新規開業を迎える「界 雲仙」の総支配人に抜擢され、現在に至る。

企業情報

本　　社：沖縄県八重山郡竹富町

従業員数：5,831名

事業内容：サービス

会社概要：星野リゾートは、1914年、長野県軽井沢町の温泉旅館からスタートし、現在は日本国内外に計68の施設を運営しているホテル運営会社。「宿泊事業」「ブライダル事業」「スノーリゾート事業」の3つの事業を軸に運営しながら、「Globally Competitive Hotel Management Company」を目指している。そして、地域の方々と協働してその土地の魅力を発掘し、お客様に旅の楽しさを感じていただけるよう、サービスを提供していくことが私たちの使命だと考えている。

ダイバーシティ＆インクルージョンへの取組み

　観光は人と人、文化と文化、そして国と国を結び付けていく仕事であり、立場の異なる者同士が相互理解を高めることに寄与できる特別な産業です。「旅は魔法」というわれわれの掲げる Mission を忘れず、観光業を担う企業として社会に貢献していきたい。そのために私たちは進化を続けています。

　そんな星野リゾートが目指している組織像は、長期にわたり競争力を維持し続ける自律した組織です。1914年に長野県軽井沢に誕生した温泉旅館が、厳しい環境下では存続を重視し、成長の機会には果敢に挑戦してきた結果、今の星野リゾートがあります。これまで培ってきた運営力、進化のスピード、柔軟性、そのいずれもが、最も大切な資源である人材を活かす仕組みに依拠しており、「Flat & Mature Culture」が現在の競争力の源泉になっていると考えます。「Flat」とは、組織図が平坦であることではなく、意思決定がボトムアップであることでもありません。いつでも言いたいことを誰にでも言うことができる人間関係があり、お互いの働き方がフラットであるということです。年齢や役職、国籍に関係なく発言し、常に侃々諤々な議論がなされる文化を維持することが、良い会社を目指すうえで必要だと考えています。また、組織が大きくなる過程で、その秩序を維持するために、ルールは増えていきますが、ルールにのみ縛られるのではなく、自ら考えチームのために判断できる「Mature（大人）」な組織を目指しています。そして、多様なバックグラウンドを持つ社員一人ひとりの発想力を大切にし、それぞれの潜在力を引き出すチームでありたいと考えています。

　このような組織文化のもと、社員はおのおのが自由に、将来のキャリアを選択することができます。「立候補プレゼン」という制度があり、総支配人などのマネジメント職には、立候補プレゼン大会にて戦略を発表することで、誰でも自分で施設を運営するチャンスをつかむことができます。これ以外にも自律的なキャリア形成を支える制度として、社内ビジネススクール「麓村塾」があります。社員に自由を与えて終わりではなく、与えられた自由のもとで社員一人ひとりが自分の能力を発揮し、主体的に動くためのスキル習得の機会を提供しています。

120

インタビュー

企業ミッションに
強く共感して決めた入社

　京都の文化の中で育ち、幼少期から日本文化に関心がありましたが、高校は、海外からの交換留学生など様々な価値観やバックグラウンドを持つ生徒が集まる学校でした。

　それまで日本文化しか関わりのなかった私は、高校に入り、「小さい頃はご飯を食べることもできなかった」という友人との出会いがあり、「私ってこんなに恵まれていたんだ!?」ということに初めて気づきました。そして、どうして違いがあるのか、どのように違いが生まれるのかに興味を持つようになり、大学では文化人類学を専攻しました。

　就職活動の際に、ゼミの教授から星野リゾートが松下幸之助の「観光立国の弁」に沿ったビジョンやミッションを掲げていることを聞きました。

　星野リゾートには、
「旅とは世界の人たちを友人として結んでいく魔法。」
という使命感があります。様々な人と出会うことでその国に興味を持ち、一人ひとりと向き合うことで戦争や対立がなくなっていくのではないか、という私の想いをこの使命感に重ねることができ、入社を決意しました。

地域文化の魅力と奥深さを引き
出すことがやりがいに

　最初の配属先は、青森県の「奥入瀬渓流ホテル」でしたが、石川県の「界 加賀」のリニューアルオープンに伴い、半年後に異動しました。「界 加賀」では、施設に関わるすべての業務、フロント業務、清掃、調理、レストランサービスなどを一通りこなしながら、石川県に眠る潜在的な魅力を掘り起こし、お客様にアクティビティとして提供するといったプロジェクトにも関わりました。

　当初、石川県のことは全く知りませんでしたが、貴重な歴史・文化と豊かな自然があり、それらを発掘していくだけでも楽しいものがありました。そして、地元の人にも知られていないような石川・加賀の魅力を発掘、発信し、それによってお客様に喜んでいただけることが嬉しく、石川県をどんどん好きになるとともに、仕事にものめり込んでいきました。

コロナ禍の
倒産危機の中での決断

　コロナ感染症のパンデミックで、星野リゾートも経営に大きな打撃を受けました。私たちの施設も例外ではなく、一日に訪れるお客様は、1〜2組といった状況で、このままではつぶれると肌感覚で感じていました。そんな中、星野代表が倒産確率40％という数字を内外に公表したことで、「会社がなくなるかも…」という危機感がより一層、現実味を帯びてきます。一方、現場においては、人員をとにかく絞り、一人が何役もこなして館内を走り回る大変な日々が続きました。

　そんなあるとき、スタッフの「辞めたい、つらい、こんな会社で働けない」という声を耳にします。その瞬間、会社云々というより、5年間一緒に働いているスタッフのために「何かしたい」という想いが急激に湧き上がりました。

　私は前に出るタイプでもなく、リーダーとして引っ張っていくという性格でもありません。自信があったわけでもありませんが、「自分がなんとかしないと、会社がなくなる。みんなのために、なんとかしたい」という強い想いにかきたてられ、気

づいたら「界 加賀」の総支配人に立候補していました。

総支配人への立候補

　星野リゾートには、何かをやりたい、変えたいと思ったときに自分の熱意をぶつける先があり、総支配人も立候補制です。このときも全国から立候補がありましたが、私は誰にも相談していなかったので、立候補者リストに掲載されると「あの山根が」と、みんなにびっくりされました。

　総支配人の決定には、日常の業務姿勢の評価以外にも、全社員の前で「この施設をこうしていきたい」という戦略をプレゼンテーションして、全社員の納得度が高いことが基準になります。そこで、チームビルディングや、施設・組織をどう動かしていくかなどを真剣に考え始めました。5年間ずっと一緒に働いている仲間のことは理解していましたので、組織運営を考えていく中で、それぞれの強みがうまくかみ合えば、高いパフォーマンスが出せるはずと、わずかながらの光を感じていました。

　総支配人に立候補したことを家族に告げると、父からは、「責任のある仕事には、その家族を守る責任もあるが、その覚悟があるのか」と、

私の覚悟を問われました。父は私のやりたいことに反対する人ではありませんでしたが、父も管理職という立場を担っていたことから、伝えたい想いがあったのだと思います。しっかりやれ、と活を入れられた感じで身が引き締まる思いがしました。総支配人になった報告をしたときには、リーダーに関する本がたくさん送られてきて、応援してくれているのだな、と感じました。

プレイヤーから経営者へ

2020年に「界 加賀」の総支配人に就任しました。「入社5年、28歳の総支配人」が、まだ若いのにと驚かれ、メディアに取り上げていただくこともありました。メディアで描かれる強い自分と、本当の自分にギャップを感じ、モヤモヤすることもありましたが、「みんなのために」という想いを軸にしていたので、そんなに悩むことはありませんでした。

総支配人になったことで、一番大変だったのは、ステークホルダーが広がり、関係者が大きく増えたことです。これまで私のステークホルダーは、一緒に働いている仲間とお客様、そして地域で関わりのある作家さんといった方々でした。しかし、総支配人になった瞬間に、オーナーや株主の方々、会社の代表をはじめとした経営陣との関わりが出てきました。

何か一つを決めるにあたっても、多くのステップを踏んでいく必要があることに苦労しました。そして、業務量だけでなく、責任の重さも大きくなったことで、発言一つとっても「相手にどう捉えられるのか」を今まで以上に考える必要があり、当時の意識や配慮の仕方だけでは全く足りなかったことに気づき、壁にぶつかりました。

総支配人になってすぐの失敗談として、施設の改装計画のプロジェクト管理で、たくさんの関係者が複雑にからみあっていたことから、自分の些細な発言によって、そのプロジェクトが頓挫し、関わった方に大きなご迷惑をおかけしてしまったことがありました。「初めに情報を集めることの重要さ」など、その失敗から学んだ経験はとても大きかったと感じています。

星野リゾートでは、キャリアは自分で築いていくことをモットーにしていて、自分の目指すキャリアに合わせて「麓村塾」という社内ビジネススクールを使って学ぶことができます。私は、総支配人にとって必要な、マーケティングや経営知識・技能を取り入れる講座に参加すること

で、徐々に必要なスキルを身につけていきました。

「界 雲仙」への異動と大きな困難

「界 加賀」の総支配人になってから約2年後、人事担当者より長崎・雲仙での新規ホテル「界 雲仙」開業にチャレンジしないかと打診がありました。長い間「界 加賀」にいたので、この施設しか知らないという視野の狭さに危機感を持っていました。せっかくのチャンスなので、ぜひ挑戦させてくださいと引き受けました。

しかし、総支配人着任後、施設の前で、大きな土砂災害が発生し、開業を延期せざるをえなくなります。もともと、施設の目の前にある「八万地獄」をメインにマーケティングをする計画でいたのですが、土砂が流れ込んで埋もれてしまい、マーケティングの目玉である「八万地獄」をうたえなくなりました。

そんな困難を前に、
「このような外部環境の中でオープンするとはどういうことなのか」
「この立地でしかできないこと、集客につながる施設の新しい魅力をつくるにはどうしたらよいか」
を、開業メンバーと時間をかけて考え、話し合いました。

「八万地獄」はうたえないけれども、そのコンセプトを体現するには何の要素が必要なのかを調べるため、このあたり一帯をフィールドワークし、地域住民の方々にも話を伺い、情報収集し、そこから一つひとつコンテンツを作り上げました。

また、土砂災害の現場の目の前の施設ということもあり、雲仙市、長崎県、環境省主体の復興計画にも関わりました。ただ計画を受け入れるだけでなく、昔以上によりよく進化させるためにはどうしたらよいのかを地域住民の方々も含めて話し合い、雲仙エリアをどのように魅力的にしていきたいのかという私たちの想いも伝えていきました。

不運な自然災害ではありましたが、地域の再生を学ぶスタッフ、地域に貢献したいと考えるスタッフも多く、前向きに地域に関わる機会が得られたこと、そして、みんなで力を合わせて困難を乗り越えられたことは貴重な経験となりました。

長崎・雲仙の素晴らしさ、新規開業の魅力

大きな壁もありましたが、新規開業は自由度が高く、一つひとつ構築していく醍醐味を経験できます。そ

の土地を自分の足で回りながら、見て、聞いて、調べて、お客様に提案できるというのは、とてもワクワクします。

たとえば、地元の若手作家の方は流通経路がなく作品を広めることは困難ですが、全国からお客様がいらっしゃる私たちの施設でその作品をサービスに取り入れていくことで、お客様が「素敵な器だ」と手に取ってくださり、市場に流通し、世の中に発信されていきます。お客様に喜んでいただき、作家の方の役にも立て、私どももハッピーという三方良しの関係が作れることにもやりがいを感じます。

多様な価値観を大切にする

私は、星野リゾートの価値観が唯一無二の絶対的に正しいものとは思っていません。一番大切にしているのは、

「お互いが理解し合って、同じ目標に向かって歩み続けることを諦めない」

ことだと考えています。あの人はこうだから、ある程度の関わりでいいやではなく、お互いが大事にしていることをしっかりと理解し合ったうえで、共存していくことを考え続けることが大切だと考えます。そのた

めに、お互いの主張を吐き出して、そこから話し合いをする、相手がどういう意図で発言しているかをきちんと考えて議論することの大切さをスタッフにも伝えています。

私個人の人生においても、たくさんの経験をして様々な立場からの意見を得ることで、他者と共感できることの重なりを大きくできる。そして、「相手への理解度を高める」ことが人生の豊かさに通じると考えており、日ごろから実践を心がけています。

それに加えて、同質化するのではなく、いろいろな「考え」が混ざり合うことを通じて新しいことを生み出し、それを施設に反映できたほうが面白いと思います。スタッフもそのような考えを持って一人ひとりが生き生き働ける施設だと本当に嬉しいなと思っています。

「界 雲仙」の開業のタイミングには、様々な経歴の開業メンバーが全国から集まりました。そのため、会社の価値観を理解しきれていないスタッフが「それって本当に大事なのですか?」と発言し、新卒から星野リゾートで働いている社員と少し衝突したこともありました。

しかし、私が介入しなくても、スタッフ同士で

「星野リゾートはこういう価値観で

やっているんですよ」

「長崎で開業する意義ってなんだろう」

といったことを粘り強く議論し合い、お互いに価値観をすり合わせていました。

そのようなことができるのは、会社のミッション・ビジョンに共感して一緒に働いているからこそだと思いますし、私が大切にしていることが少しでも伝わっていたかなと、とても嬉しかったです。

このように自由闊達な意見交換ができるようにするためには、フラットな組織文化が土台となるので、役職関係なく、誰に対しても、議論したいことがあればいつでも議論できる環境づくりを目指しています。

「界 雲仙」は開業して8ヵ月。開業メンバーがみんな残っているので、苦労して作り上げてきたことをみんな理解しています。

しかし今後は異動やキャリアチェンジで新しいスタッフと入れ替わっていきます。そうなったときにも、「どういう背景でこの施設が開業したのか」「どういう想いで雲仙温泉街と関わってきたのか」ということをずっと継承していきたいと思っています。そして、その価値観の継承が、私の大切な仕事の一つだと思っています。

「人はいつでも変われる」をみなさんに伝えたい

私にとって、「総支配人に立候補します」と言ったことが人生の大きな転換期となりました。人前に出ることが怖くて臆病な私が、その恐怖心と「スタッフのため、会社のためにできること」という役立ちたい想いとを天秤にかけ、勇気を出して「役立ちたい想い」を選択したことで一皮剥け、とても強くなりました。

みなさんにお伝えしたいことは、挑戦することによって得られる経験は大きく、「人はいつでも変われる」ということです。その一歩はなんでも構わないと思います。小さなことがらでもいいでしょう。人生が変わるようなことでもいいと思います。また、それがたとえ失敗したとしても、その経験はみなさんの中に生き続けます。

私も、今はマネジメントとしての役割ですが、マーケティングや広報などの違う役割に挑戦することで、常に成長し続けたいと思っています。自分ができないことに挑戦したいので、その分野はなんでもいいと思っています。一緒に挑戦し続けましょう。

目の前に現れたすべてがチャンス。
失敗も成功も蓄積財産

株式会社堀越

工事管理部係長

鈴木 友美 ［すずき ゆみ］

1983年生まれ。
2005年入社。塗装技能士として住宅塗替えやマンション改修の施工管理、カラーシミュレーションに従事。「ホリコシ通信」の制作も担い、お客さまと会社・従業員の懸け橋となるべく、社内外の広報活動にも力を入れる。バセドウ病の治療と仕事の両立を乗り越え、第一子を出産。育児休業復職後も現場の第一線で活躍し現在、第二子を妊娠中。2016年国土交通省「青年優秀施工者土地・建設産業局長顕彰」（建設ジュニアマスター）受賞。宮城県塗装業組合連合会主催の宮城県建築塗装技能コンクールに毎年作品を出品し入賞を重ね、その実績から、各団体や自治体から表彰されている。
１級塗装技能士。

企業情報

本　　社：宮城県仙台市
従業員数：10名
事業内容：建設
会社概要：1974年に塗装工事専門工事業者として創業し、1976年に法人化、2007年に現在の本社へ移転。宮城県内を中心に建築塗装および防水工事を得意工種として、リニューアル工事、住宅塗替え工事、マンション大規模修繕工事等公共・民間を問わず対応している。お客さまにご満足・ご信頼いただける仕事に徹することを第一に、「塗装の匠」として塗装技術・技能の向上に徹し、お客さまの大切な資産である建物をリノベーションする技術者集団を目指している。
〔経営理念〕私たちは、優れた感性を追求し夢のある色彩空間を提案します
　　　　　　私たちは、彩りのある安らぎと活力に満ちた環境を提案します
　　　　　　私たちは、お互い学び援け合い豊かな人生を実現します

ダイバーシティ＆インクルージョンへの取組み

　従業員の安全と幸せを守ることが最重要と考えており、2020年に「SaieworK向上宣言」として、代表取締役 堀越良克が"安全第一・健康第一"を宣言しました。絶対に労働災害を起こさないという強い気持ちをもって、毎年「安全大会」を行い、安全意識の向上を図っています。

　女性活躍という観点では、塗装工事の施工管理に女性の登用を始めたのが、今から28年前になります。当時は個人住宅の塗替え工事が多く、女性の施工管理者であれば依頼主側の女性とも話しやすくなり、お客さまに寄り添えるのではないかと考え、採用を進めてきました。

　前社長の時代、意欲のある従業員には性別に関係なくいろいろな教育訓練や経験をさせるプログラムを企画・実践しており、社長が交代した後も継続して行っています。その一つが、オーストラリアでの海外研修です。この研修ではオーストラリアの街並みを客観的に観察したり、建築物の柱が全部塗装で作られたりしているのを見るなど塗装技能を引き出すことにつながります。二つには、「塗料の進歩に対して塗装技能の改善向上を図ること、伝統技能の灯を絶やすことなく、次代に承継していくこと」との目的で開催された宮城県建築塗装技能コンクールに自社の意欲・能力のある女性塗装職人を参加させたことです。このコンクールでは、一般塗装の部で見事当社の女性職人が東北地方整備局長賞を受賞しました。三つには、仙台の地元ではできない塗装技術を学びに技術者を群馬県の同業企業へ出張させて技術力をより高めるようにする等持続的に人材育成を行っています。

　このような教育訓練を受け、多様な経験をした女性職人には、個人住宅のほかマンションや商業施設など改修対象を拡げ、それらも含めて任せています。それに伴い、求められる知識や情報・資格等も高度になってきました。現在2人の女性技能者が、仕事と育児の両立に日々奮闘しています。産休・育休の取得はもちろんのこと、短時間勤務や急なお休みの対応等にも、会社全体でバックアップして働きやすい職場環境を整えています。10人という規模感だからこそ、従業員は皆家族のような存在で、お互いに支え合い、助け合っています。

インタビュー

小さい頃から興味のあった
建築業界に入る

私は幼い頃から母親と一緒に、広告に入ってくる住宅の間取りを見るのが好きで、建築業界を目指すようになりました。父方の祖父が設計士、母方の親戚が大工と、親戚に建築関係者が多かったことも影響しているのかもしれません。祖父の仕事を見てきた父には「女の仕事じゃない」と言われましたが、父を説得し建築の専門学校へ進学。就職課の先生から、卒業生が何人か入社していると紹介されたのが現在の勤務先です。

取得できる資格には
なんでも挑戦

資格をたくさん取得しているタレントをテレビで見て興味を持ったこともあり、専門学校では建築科の資格だけでなく、土木科の重機関係など様々な資格に挑戦しました。

また入社後に、お客様から紹介していただいた案件が受注できなかったことがあり、その理由が「見積りにきたのが女性だった」ことを知り、余計に資格をたくさん取得して誰よりも一番合った施工方法を提案するなど、どんなことでも対応できるようにしていきたいと思いました。

祖母の考え方と
父が残してくれたこと

祖母は工事を依頼したときなどは、細かいところまで気になるようで、ずっと仕事ぶりを見ていて「こうすればいいんだ」とアイデアを盗んで、気になったところは自分でやってみたりする人でした。そんな祖母だったらどう考えるか、私は祖母を納得させられる仕事ができているだろうかと考えたりします。

また父は、私が小学生のときに行事の準備などに積極的に参加し、子どもたちがどうしたら楽しんでくれるかと、当時流行り始めた野球のストラックアウトを自分で考えて作ったりしていました。そのときの子どもたちの喜ぶ姿を思い出しながら、自分もそのように喜んでいただける仕事ができたらと思っています。

塗り替えしていただいた
お客様のアンケート

お客様アンケートでコメントもい

ただけることがあります。良い点や悪い点のコメントを見て、お客様のご要望を今後どう活かしていけばよいか、同じ仕事をしても良いと思う人と悪いと思う人がいるので、そのお客様にとってベストのバランスを見極めて、ご提案したいと思います。

このアンケートは、私が入社する以前から引き継がれているものです。内容についてはどうしたらお客様が書きやすいか、ご要望を引き出しやすいかなど考えながら、私も意見を出して改善しています。

夫が積極的に
家事・育児に参画

夫は同じ会社で職人をしていました。今は独立しているため育児休業取得はむずかしいですが、会社と違って時間に縛られず現場が終われば帰ってご飯を炊いたり洗濯をしたり、家事を積極的にやってくれているのですごく助かっています。

夫の母は食堂の手伝いをしていて、夫も小さい頃から近所のお蕎麦屋さんに遊びに行ったり手伝ったりしていたようで、厨房に入ることに抵抗がなく料理をするのは好きなのかなと思います。

一般的な家庭と逆かと思いますが、主に夫が炊事や洗濯などの家事をし

ています。料理の味付けは、私も娘も好きな薄味で、娘も夫が作った切り干し大根を「すごくおいしい」と食べてくれます。私は第二子出産で1週間の入院を控えていますが、保育園の送り迎えや食事など何も心配せずに任せられます。

キャリアに大きな影響を
与えた出会い

前社長との出会いがキャリアに大きい影響を与えていると思います。前社長は会長になられ、すでに亡くなられていますが、いろいろな経験をさせていただきました。職人が出品するものという雰囲気があった「建築塗装技能コンクール」には前社長の働きかけにより現場管理者である私も出品させてもらえることになりました。

塗装については、当初はネットで調べたり、コンクールの自由課題では模索しながら大理石や木目を描いていました。塗装工業会のオーストラリアの海外研修に参加させていただいたこともあり、こういうものが造れたらいいなと思いながら現地の街並みや実際に塗装された現場を見学し、さらに塗装の学校で描き方を教えてもらうなどは貴重な経験となりました。

　海外研修に参加したのちに、銀座のビルの内壁に岩のような造形をしてほしいという依頼をいただきました。当時はまだ勉強を始めたばかりでしたが、塗装工業会を通じて擬岩や壁画などデコラティブペイント（装飾塗装）を得意とされている群馬県の会社の方にも勉強させてもらい、無事にお客様のご要望に沿った岩を製作することができました。

　関東や関西などの大きい都市ではテーマパークや店舗などでも装飾塗装が使われていますが、地方でも知ってもらいたいと思い、勉強していくうちに、実際に施工に携わっている人たちや私と同様に興味を持って挑戦している人たちとのつながりが増えていきました。

　前社長などの人脈もあり、多くの方のご協力のおかげで、今の自分のキャリアがあると思います。

海外研修参加者からの
イベント紹介

　海外研修に参加していた島根の塗装屋から「サロン東京2013」というイベントを紹介していただきました。「サロン」というのは塗装を全世界に広めたいと考えている方々の自主的な集まりで、年に1回欧米各国で開催されてきたイベントが、2013年にアジアで初めて日本で実施されました。主催者は、東京の塗装屋の女性でした。そのイベントを通じて世界の方々と出会い、その作品に触れてきました。そして、様々な施工方法を見たり作品の一部を描かせていただいたことで、施行技術をさらに磨いていきたいと思いました。今もその方たちとはFacebookなどでつながっています。

お客様に
喜んでいただくために

　塗り替えしたときにお客様に「綺麗になってよかった」と言ってもうことが、一番嬉しいです。私も祖母と同様に細かいことが気になってしまうので、職人からは嫌われるかもしれませんが、どうすればお客様に納得していただける仕事ができるか、お客様の目線で考えつつ、技術者として大切な建物をきちんと保護し細部まできれいに仕上げられるよう、細部までチェックして気づいたことを指導していけたらと思って進めています。

　昔の職人は「これはこうだ」という考えをお持ちの方も多かったので、なかなかこちらから意見を言えないこともありました。その経験があったからこそ、私も資格を取得し、

「ここはこうできるはずです」と言えるようになったかな、先輩の職人のおかげで、今の私があるのかなと思います。

昔から性別は
あまり気にしていなかった

　建築業界を選んだこともそうですが、昔から女性とか男性とか、あまり気にしていませんでした。学校内ではスポーツで一番になったり、走っていても大半の男性には並んでいましたが、絶対に敵わない人はいました。女性だから敵わないと思わず、何がなんでも追いつこうという気持ちはずっと持っていました。

　仕事でも男性ばかりですが、負けたくない気持ちをずっと持ち続けているのは、お客様からの「女性だから仕事を頼まなかった」という言葉が影響していることもありますが、女性だから仕事ができないわけではなく、性別にかかわらず経験を積めば積んだ分だけ、いろいろなことに気づいて、お客様に対しても良い提案ができるのかなと思っています。

経験を積むにつれて、
性別関係なく見てもらえた

　私が気にしていなくても、周囲では「女の子」と思って、意見を言っても適当に聞き流されたことはあったと思います。だからこそ、できることは何でもして、意見を聞き流されないためにはどうしたらいいのかと考えてきました。

　現場にはヘルメットを被って作業着を着て行きますが、年数が経つにつれて職人たちからの声も変化したように思います。

　以前は現場に女性がいることが珍しくて、声を掛けてくる方がいたかもしれませんが、打合わせで発言したりヘルメットを外したときに、「あら、女の子だったの？」と言われたときなどは、性別関係なく見てもらえていたのだなと感じました。

仕事でも夫がよき相談相手

　夫が同じ建築業界の10年先輩なので、仕事においても夫の存在は大きく、塗装に関する大体のことは夫が解決してくれたりします。逆に、建築は私のほうが勉強しているので、相談する中で新しい案が生まれることもあります。

　社内は家族のようで相談しやすい雰囲気があり、管理者同士で話すことも頻繁ですが、現場の職人がどう考えるかは夫に聞き、多様な立場の意見を取り入れることでより改善さ

れていくと思っています。

　昔はミスをして落ち込むこともありました。今は対策を考えて指示を出さなければならない立場なので、メーカーや販売店・職人など、とにかくいろいろな意見を聞いて、早く最善策を見つけようとやってきたおかげで、様々な現場に対応できるようになりました。

病気になったことで予定を立てて休みを取るようになった

　残業や夜間作業は、今も現場の状況によって必要な場合はありますが、娘のお迎えに間に合う時間には終わらせるようにしています。

　ストレスは、旅行やテーマパーク、すぐ近くの水族館に行ったり、公園でテントをたててお弁当を食べたりして解消しています。娘も外で食べるほうがよく食べてくれます。

　私はもともと、仕事をしなくてはいけないという思いが強く休めないたちでしたが、病気をきっかけに定期的な通院が必要となり、休まなければならない状況になったおかげで、段取りをしっかりして休暇を取ることができるようになりました。

　業界全体としても、昔よりもノー残業デーや土曜が完全休工の現場が増え、自社でも振替休日や有休を取

得しやすいように整備され、それが"安全第一・健康第一"にもつながり、女性でも働き続けやすい環境になっていると思います。

挑戦したいこと、今後の展望

　これからも、たくさんのことに挑戦したいと思っています。資格を一つ取得したらまた次の資格に挑戦しようと思ったり、全国建築塗装技能競技大会にもいずれは挑戦してみたいと思っています。

　全国建築塗装技能競技大会は女性の出場者が少なく、最高位の内閣総理大臣賞は女性が受賞したことがないので、その第一号になれたらいいなと思います。

　女性の建築塗装一級技能士も、取得した当時は宮城県や東北では初めてではないかと言われましたが、今後、女性の技能士がもっと増えたらいいなと思います。

　2人目の子どもが生まれたら状況も変わると思うので、どのような働き方ができるかわかりませんが、1人目のときと同じように復帰して、仕事は続けていきたいと思います。

　コンクールで出している装飾塗装などは、昔は私一人だったのですが、他社からも様々な技法の作品が出品されるようになりました。職人の数

が減り作品数自体は減っていますが、面白い作品が増えてきています。

街中でも装飾塗装をする物件が増え、そういうものを希望してくれるお客様も増えたらいいなと思っています。既製品の良さもありますが、既製品にはないオリジナルのこだわりの詰まったものをお客様と造り上げたり、そのような物件に取り組むことで職人の意識や技術が向上していけばと思います。

後輩女性へのアドバイス

建築業界は男性社会というイメージが強いとは思いますが、だんだんと女性が活躍している会社も増え、現場で女性を目にすることも多くなりました。

主婦のお客様で、子どもが大きくなったので左官の学校に通い、左官屋さんで仕事をしたいという強い思いを持っている方がいらっしゃいます。年齢も性別も関係なく、いつからでも挑戦はできるので、どんどん挑戦してほしいと思います。

現場も昔よりは女性が働きやすい環境になってきているものの、ソフト面もハード面もまだまだのところがたくさんあるとは思います。建築業界にたくさん女性が入り意見などもどんどん出して、より良い環境が整っていくといいなと思います。

ディズニーのプリンセスがもつ芯の強さが、かっこいい

私はディズニーが好きで娘はプリンセスになりたいと言っています。

私はプリンセスが好きとかそういう感じではありませんが、いろいろなディズニー映画を見てきて、ディズニープリンセスは、自分をもっている、芯がしっかりしているという印象があります。自立している女性がかっこいいと思っていたのかもしれません。

娘と一緒に読む絵本に「くまのがっこう」シリーズがあります。12人兄弟の一番下の子だけが女の子で、運動会で一番になりたいと思ったり、いろいろ挑戦しても失敗してしまう。けれども、かわいがられるジャッキーを中心に展開されるあったかいお話です。

私も一番になりたい、なんでも挑戦したいと思って失敗することもありますが、ジャッキーと同じように、現場の雰囲気をよくまとめられたらいいなと思います。

何でもやらなきゃ、できなきゃいけないと思ってきましたが、絵本を通じて、それだけではないと気づかせてもらったりもしています。

Leader's Profile
16 キャリアとは自分の後ろに できた軌跡

株式会社三菱UFJフィナンシャル・グループ／株式会社三菱UFJ銀行

人事部部長兼ダイバーシティ推進室長

上場 庸江 [かんば のぶえ]

1971年生まれ。
法人営業を経て、個人向けの金融商品開発、
データを活用した金融商品のマーケティング、
営業企画・業務企画等を経験。
2014年瑞江支店長、
2016年人事部ダイバーシティ推進室長、
2019年成城支店長、
2021年デジタルサービス推進部部長、
2023年より現職。
経営学修士（MBA）。

企業情報

本　　社：東京都千代田区
従業員数：約120,000名
事業内容：総合金融グループ
会社概要：当社は「世界が進むチカラになる。」というパーパスのもと、事業競争力の強化や環境・社会課題の解決を通じたサステイナビリティ経営の推進を掲げており、銀行・信託・証券・クレジットカード・コンシューマーファイナンスなど、総合的な金融サービスを提供している。また、人的資本への投資を重要な経営課題として掲げ、社員の心身の健康維持やキャリア形成支援への取組みを拡大しており、従業員一人ひとりが活き活きと活躍することで、持続的に成長し、社会・お客さまに貢献できるグローバル金融グループをめざしている。

ダイバーシティ＆インクルージョンへの取組み

MUFG では2006年から専任組織を設置し、グループにおける重要な経営課題の一つとして DEI 推進に取り組んでいます。また、グローバルにおいては、これまでも各地域の DEI 推進チームがそれぞれの課題解決を進めてきましたが、2023年度からは、グローバル共通の課題として「ジェンダー平等」「人材育成」「風土醸成」の３つの柱を掲げ、各地域の CHRO と DEI 推進チームが密に連携し、グローバルベースでさまざまな取り組みを加速しています。

具体的には、ジェンダー、障がい、国籍、人種、年齢、性的指向など多様な属性や価値観を持つ社員一人ひとりが自身の能力を最大限に発揮し、十分な成長機会が与えられる組織づくりや施策推進を実施しています。社員一人ひとりが、それぞれの違いを認め合い、持ち味を活かし合い、高め合うなかで"化学反応"を起こし、この化学反応によって生まれる新しいアイデアや行動様式が、自由闊達なカルチャーや社会・お客さまの期待を超える価値を生み出すチカラになると信じており、MUFG が「世界が進むチカラになる。」ためには、DEI の推進・浸透が不可欠だと考えています。

ジェンダー平等のテーマにおいては、女性マネジメント比率の向上は特に重要な課題です。MUFG では、中長期的な数値目標を設定し、経営トップのコミットメントのもと女性の育成・登用に取り組んでいます。例えば、上位職の女性社員には、選抜研修やメンタリングプログラムを通じて経営意識の醸成をサポートしており、より広い層の女性社員に、マネジメントをめざすことを考える機会やスキルの習得機会の提供を実施しています。加えて、男女問わず、部店長レベルには、企業経営における女性育成・登用の必要性・実践方法に関するセミナーの開催なども実施しています。

銀行、信託、証券の３社では、2024年３月末までに日本国内の女性マネジメント比率を22%とする合同数値目標を設定しており、女性マネジメント比率30％を実現する過程におけるマイルストーンとしています。また、３社の合同数値目標のほか、各社における個別の数値目標も設定しており、銀行においては、2024年３月末までに27.5%をめざしています。

136

インタビュー

経験すべてが自分の後ろにできたキャリア（軌跡）

「超氷河期」といわれた年に就職活動、入行は男女雇用機会均等法施行から9年経つ年になるので、さすがに企業も変化し女性も同じように活躍できるフィールドがあるのでは、とワクワクしながら活動をしたことを覚えています。しかし実際は、情報収集の段階から男女の対応が大きく違い、男子学生には依頼しなくとも会社案内やパンフレットが多く届く一方、女子学生は能動的に動かないと情報を得られませんでした。資料は葉書で依頼する時代でしたので、150通ほど送付し、資料が届いたのは50社弱。そのうちの興味のある企業には、大学の就職課で閲覧できる就職体験記の中で「連絡可」と書かれているOGに直接連絡をしました。当時、東南アジアゼミで民族と紛争、開発経済を学んでいたこともあり、開発に関わる仕事ができないかと都市銀行の国際金融領域で活躍されている先輩を見つけてお話を伺い、その流れでリクルーターにつないでいただきました。この時代にそこまでたどり着けたのは本当にご縁だと思

っています。

就職するにあたり、こだわりが3点ありました。補助業務ではなく「総合職」採用であること、地方出身なので「独身寮設備」があること、長く働くことを前提に「研修が充実」していること。これらから外資系より邦銀のほうが適していると思いました。採用された女性は、総合職330人のうち、5人のみでした。

入行後は、早い段階でリテール本部（個人を対象にした取引企画）へ公募をきっかけに異動しました。20代後半に、リテール戦略企画プロジェクトに参画させてもらったのが最初のターニングポイントです。DBM（データベースマーケティング）に基づくCRM（Continuous Relationship Marketing）の仕組みを銀行導入する仕事を、戦略コンサルとのプロジェクトとして携われたのは開眼する思いでした。

30歳のときには企業派遣留学の機会も得ました。帰国後は、新しい金融商品を（銀行）窓口販売（窓販）として取り扱う方法や、セグメンテーション別の金融商品マーケティング施策、銀行本体が発行するクレジットカード事業に関する業務企画や事業撤退、銀行統合準備等に携わりました。

2012年以降は、現場（支店）と本部（人事部、デジタルサービス推進部）にてマネジメント職にあります。「キャリア」と聞くと右肩上がりの階段図を想像する方も多いと思いますが、実際はアップダウンの試行錯誤。学生時代に抱いた部署への異動もかなわず、目指そうにも先が見通せなかったり、想定しなかったビジネスを面白く思えたりなどで、キャリアとは、目指していくものではなく、「轍」「軌跡」というほうが近いのではと思ってきました（轍とは自分の後ろにできるもので前には引いてありません）。

また「プランド・ハプンスタンス」（計画的偶発性理論）に出会ってからは、「変化の激しい時代には計画どおりにいくことはない、むしろ自ら偶然の出来事を引き寄せるよう働きかけ、積極的にキャリア形成の糸口とするほうが大事である」という考え方を胆に銘じようと思いました。そして「あとから見れば計画されていたかのような偶然が重なり合って次の展開につながりキャリアが創設されることもある」「どのように転じるかわからないもので好奇心や行動が大事である」「出産等のライフイベントやその経験もキャリアである」と考えてきました。先行き不透明なキャリアというものに対

して、そう考えるほうが自分にとって都合がよかったところもあります。

綱渡りの育児両立

働くことに対する意識が大きく変わったのは長男の出産復職以降です。会社での責任と家庭での責任をともに果たせるように思えませんでしたが、「案ずるより産むがやすし」と背中を押してくれた先輩がいらして前へ進めました。また、長男のときは育休を7ヵ月ほど取得しましたが、次男のときは産休だけで職場復職しました。産休中に、当時6歳の長男が「お母さんが家にいるなら保育園に行きたくない」と言い出し、生活リズムが崩れそうになったこと、長男が通う認証保育園から「今ならすぐ入れるが、翌4月のタイミングでは確実と言えない」と言われたこと、また当時、自身が「支店長の待命ポスト」（支店長登用の可能性がある準備ポスト）にあったこと等が重なったからです。育児休業法施行前は産後休務後に復職していたのだから、できないわけはないと、復職と同時に以前とほぼ同じ午前8時〜午後8時を勤務時間として確保する働き方に戻しました。

心配だったのは、生後2ヵ月の首

がすわっていない赤ちゃんを、夫がお風呂に入れ寝かしつけられるのかということ。しかし、私の心配をよそに、お風呂で気持ちよくなって寝てしまい着替えさせても起きない次男の写真を送ってきては安心させてくれました。

夫に感謝するのは、こだわりやバイアスを持たずにいてくれたことです。できないと決めつけることはせず、妻が不在なら自分しかいない、やるしかないと思ってくれていました。当初は無理と思ったこの葛藤を乗り越えるべき同志は夫でしかありません。常にカレンダーを共有し、夜の予定や出張の予定が入ったら埋めていく、保育園に迎えに行ったほうが食事を用意しお風呂に入れ寝かしつける。両方に動かせない予定が重なったら地域のファミリーサポートも頼りました。サポーターさんが保育園にお迎えして彼女の自宅で食事を一緒にとり、遊んで親の帰りを待つ、いわゆる二重保育（保育園のあとのファミサポ）、三重保育（小学校→学童→ファミサポ）です。同じマンション内で数年かけて複数のサポーターを探しました。

インフルエンザ等の流感で出席停止期間を含め1週間単位で保育園に預けられないときは、実家の母や義理の両親が泊まり込みでサポートも

してくれました。自分が最終の頼みの綱だと理解してくれていた母は、突然の依頼を一度も断わったことがありません。このように、子どもが小学校低学年くらいまでは空白時間なく安全と食事を確保できるよう、状況に応じて様々な保育を組み合わせてきました。

今振り返れば、この準備や手配などのマネジメントに多くの手間と時間を割き、周囲を巻き込んできました。コロナ後広がった在宅勤務を含む柔軟な働き方ができたなら、罪悪感に苛まれることも少なくどんなにか両立の精神的ハードルが下がっただろうと思います。

徐々に、「そこまでやりくりして働きたくはないが管理職は目指したい層、目指せるのではと思ってきた層」が増えてきていると感じます。そのような方々を大切に、働き方を見直すことで管理職候補層の厚みを増していかなければならないと思います。

ライフイベント後の葛藤と上司への働きかけ

働くモチベーションを保ち続けられた理由は3点あると思っています。1点目は、一連のプロジェクトを主担当者として完結させた経験が以前

にあり、それと同じように戻るものだと思っていたこと、2点目は復職後の上司との意識のずれに勇気を出して向き合ったこと、3点目は、銀行内のワーキングマザーや外部の女性管理職ネットワークでのつながりなどで、葛藤を話してくれる少し先をいく先輩がいらしたことです。

1点目は「ライフイベント前の成功体験」などと言われますが、小さくともその体験があったので、休職前と同じように周囲と協働しながらチームをリードするような動きは当然に担うものだと考えていました。しかし第一子出産復職後の上司は（直属の上司が変わっていたこともあり）同じ考えとは思えませんでした。復職直後で弱含む私への配慮であったと思いますが、多くのサポートを得てつくった貴重な勤務時間だからこそ無駄にできないという気持ちが想定外にふつふつと沸いてきて、復職後に受け取ったロールに疑問を抱いた私は上司に両立の実態と自身の考えを思い切って伝えました。のちにそれがきっかけで担当業務に変化がありました。

復職後の両立への不安から制約ばかり伝えがちな時期ではありますが、意向や意欲を伝え、会社や上司とあらためて握手するような場を作ることはとても大事だと感じています。

このときの経験から、のちに人事部で、職務としてワーキングマザーと接点を持つようなってからも、また部店マネジメントの立場としても、「復職者のインクルージョンはどのようにすべきか」「復職者本人はどのように上司と話すべきか」を意識して発信しています。

3点目のネットワークについては、行内の同じような環境下の先輩と積極的につながり、また社外にもNPO法人 J-Win メンバーとしての活動時に知り合った日本および海外の管理職女性から、両立の知恵や工夫、割り切り含め勇気を得る場があったことも支えでした。そして「やらないことを決める」「大抵のことはどうにかなる」など、多くのアドバイスを得て「チーム運営の中で本当に自分がやらなければならないことは何か」「子どもたちとの時間で譲れないものは何か、何ができていれば大きな罪悪感を持たずに安定していられるか」を考え掴むことができました。

上に行けば見える景色が違う？「長」を経験して感じること

様々な方から薫陶を受ける中で、「上に行けば景色が違う」というメッセージを多くもらいました。「有

能なリーダーが大きな責任を全うしたときに感じる特別な達成感で、自分には…」というのが、この言葉を初めて聞いたときの率直な感想ですが、いくつかの部店長の経験を経た今は、「見える景色は違う」と思っています。もっとも、イメージしたものとも違いました。

「組織の長には後ろがいない、孤独で責任も重い」のは事実ですが、一方で、支えてくれる人もいます。長であることの「風圧」は強く感じますが、入ってくる情報の量も質も違い、一緒に進む仲間も増えます。組織というスクラムを組んで組織の課題を解決し、「役割」をもって組織の責任を果たしにいくなどと、孤独な面もありますが想定していた自分一人で引っ張るイメージとは違いました。暗中模索の状態から、みなが考えや対応案を持ち寄り、方向感を見出していくときには醍醐味を感じます。長ともなれば結果責任が伴い厳しい面はありますが、想定とは違う景色でした。

「リーダーシップ」とは、課題や目指すものに対して一歩「アクションを起こす」ことだと思っています。自分自身が目指す姿を示す場合もあれば、上司や同僚が示す方向感に賛同し、続く2人目、3人目になることも、後ろに何十人もつながってき

てほしいことを考えると立派なリーダーシップだと思います。

男女の成長曲線の差はどこで生じる？

　女性活躍推進法施行の頃から、会社に入ってからの「男女の成長カーブの差」を指摘する声を聞くようになりました。入社時点では男女の能力差はあまり感じられないが、10年、15年とキャリアを積み重ねる間に、上司および本人の小さな判断の差の積み重ねで、経営人材候補選定あたりには大きな差となってしまっているということです。たとえば、同じくらいのポテンシャルがあっても、男性は入社直後から厳しめのアサインメントが与えられ、厳しめのフィードバック、現状の仕事以上のインプットを受けられる中で情報量を伸ばし、中枢部署や外部派遣、部門横断的なプロジェクト参画により経営視点を獲得する方がいる一方、女性にはフィードバックは控えめ、キャリアメイクとライフメイクが重なって配慮される中で、むずかしい職務や厳しいと言われている職場を避け、これまでの仕事の延長で経験を積み上げることが選択されがち、といった例を見てきました。管理職が男性中心のため、同性であるがゆえの距

離の取りやすさ、話しやすさがある一方、女性も自分自身へのバイアスがあり、男性中心の組織の中で意に沿わず萎縮したり、ポテンシャルを開花できないということも大いにあると思っています。

私自身は夫が同期入社で、配属先も同じであったため、入社時点から上司からの男女への「期待の差」をうっすら感じてきました。「きみはこういう力がある」「将来こういう部署が向いているのではないか」等の期待を込めた言葉を、今の夫に掛ける方は多くいましたが、思えば私にそのような声を直接、掛けてくれる人はいなかったと思います。もちろん能力差はありましたが、加えて女性はいつまで働くかがわからず、ロールモデルもいない中、何を目指せとも、どんなふうになってほしいとも、掛ける言葉が見つからなかったのかもれません。私自身は当時、少数者として入社したということは、自ら切り拓いていかなければ、期待を掛けられる以前に、話題にもあがらないと感じていました。

入ってからの最初のアサインメントや期待を掛ける言葉も、そしてその後の育成も、同じか、むしろ女性を少し前倒しするくらいのイメージでキャリア形成のサポートをしたほうがよいと、経験的に思います。

「違和感」に とらわれすぎないで

30年近くの時間を振り返ると、あのとき感じた「違和感」はなんだったのだろう、と思うことが多くあります。たとえば、入行当時は、執務室のデスクの上でタバコが吸え、時間生産性とは無縁な働き方で、女性の管理職などは見渡す限りいない時代です。しばらくするとそれに慣れ、深夜残業やノミュニケーションも仕事のうち、という価値観に染まっていました。当時「おかしい」と思った違和感の大抵は今日、解消されてきているように思います。

今のマネジメントの働き方を見て、多くの管理職候補の女性が「あそこまではできない」「部長になどなれない」と口にしますが、「今の慣行や常識を前提に将来を決めつけてしまわないでほしい」と伝えています。「今感じている違和感は解消されていくはず。将来の職場環境は今のままではないから」と。違和感に惑わされず、将来につながる信頼を構築する、自分のエキスパティーズを高める、先のキャリアまで見定めることはできないにせよ謙虚に、積極的にキャリア形成の糸口を掴む動きをしてほしいと思います。

Leader's
Profile

17 | 「予期せぬ異動」で 広がったキャリア

株式会社 明治

執行役員 研究本部研究戦略統括部長
兼研究戦略統括部研究戦略部長

河端 恵子［かわはた けいこ］

1966年生まれ。

1989年、明治製菓株式会社入社。産業用酵素の研究開発に
はじまり、ヘルスケア商品の企画・開発、食品成分の機能
性研究、マーケティングに従事する。

2011年、明治乳業株式会社との経営統合に伴う組織再編に
より発足した「株式会社 明治」にて、食機能科学研究所、
経営企画部を経て、2018年に研究本部 技術研究所 栄養研
究部長に就任。栄養機能領域の研究開発を推進する。

2021年、研究本部 研究戦略統括部長に就任。各研究所の
組織能力・経営資源の最適配分や、部門横断的なテーマの
推進を通じて、持続的な企業価値向上に取り組む。

2022年、執行役員就任。

企業情報

本　　社：東京都中央区

従業員数：10,501名（単体）

事業内容：食料品

会社概要：1916年の設立以降、100年以上にわたり「おいしさ・楽しさ」の世界を拡
　　　　　げ、「健康・安心」への期待に応えてゆくことを使命とする明治グループの食品事
　　　　　業を担う。グループ創業の精神「栄養報国」に基づき、赤ちゃんからお年寄りま
　　　　　であらゆる世代のお客さまに向けて、粉ミルク、牛乳・乳製品、菓子、スポーツ
　　　　　栄養、流動食など幅広い商品を提供。明治ならではの健康価値の提供を通じて、
　　　　　社会課題の解決に貢献する。食と健康のプロフェッショナルとして、「明治が提供
　　　　　する栄養」とは何かを徹底的に追求し、日本のみならず世界中のお客さまの人生
　　　　　を豊かにするお手伝いをする。

ダイバーシティ＆インクルージョンへの取組み

　明治は、赤ちゃんからお年寄りまで、それぞれのライフステージで多様な価値観を持つお客さまの気持ちや日々の生活に寄り添うことで成長し、幅広い商品を長年提供しています。

　2021年に DIAMOND（Diversity & Inclusion Activities 〜 Meiji's Open & New Directions）プロジェクトを立ち上げ、多様な人財や価値観を生かすダイバーシティ＆インクルージョン（以下 D&I）を推進しています。本プロジェクトは、全従業員の個性が輝き、小さなダイヤもまとまると大きな輝きを放つように、多様な人財の融合から大きなイノベーションの創出を目指すものです。

　プロジェクトでは役員や管理職への D&I 研修実施、全社員向けにオリジナルのアンコンシャス・バイアス動画の配信などに加え、有志社員によるボトムアップ活動であるERG（Employee Resource Group）が活性化しています。ERGでは６つのグループが立ち上がっており、LGBTQ＋アライ ERG、工場女性活躍ERG、育児ERG、介護ERG、チャレンジド（障がい者）ERG、グローバルERG が活動しています。メンバーには性別、性的指向・性自認、キャリア、年齢、国籍、障がい、雇用形態、育児・介護中など、多様な背景を持つ人財が集まっています。この活動はまさに多様な価値観・知見・能力を活かしあい、一人一人の能力を最大限に発揮することで、活動を楽しみながら、企業価値向上にもつなげています。

　2023年のバレンタインでは、ERGメンバーの発案により、LGBTQ＋の当事者団体と検討を行い、異性への好きだけではない多様なキモチに寄り添う限定パッケージのチョコレート商品の発売が実現し、好評を得ています。

　また、近年の女性特有の健康課題に関しても「明治フェムニケアフード」を発売し、生理という、女性の見えないダイバーシティ課題にも積極的に向き合っています。長年の栄養及び素材研究で培った知見と技術を活かし、「食と健康」を通じて社会課題の解決に取り組み、さまざまな方が活躍できる社会の実現を目指しています。

　このような取り組みを通じて、誰もがイキイキと最大限の能力を発揮できる組織風土の醸成と仕組みづくりを推進し、多様な人財の融合から大きなイノベーションを創出することで、これからも日本・世界のお客さまに「食と健康」で一歩先を行く価値をお届けしてまいります。

インタビュー

職業を考えて
理系に進む

高校で文系理系の選択をするとき、理系を選びました。実は国語がすごく好きだったのですが、就職先を考えると学校の先生しかないような気がして、仕事の幅を広げるには理系のほうがいいと思いました。理系の教科の中では生物が一番面白かったです。

私は地方出身で、女の子を東京の大学まで行かせなくてもとか、女の子に浪人させるのはよくないから必ず受かる大学を受けさせるという風潮がありました。けれども、私の両親は、私の意思を尊重し、「浪人してもいいから好きなことをやればいい」と、チャレンジを促してくれました。

父はサラリーマンで、母は会社勤めから専業主婦になり、私が小学生の頃に税理士になる勉強を始めました。資格を取得して会計事務所に勤めたのちに独立。仕事は違いますが、身近に、働く女性のロールモデルがいた状況です。母は幼いときに地震で家を失った経験から、「火事や地震になっても残るもの、泥棒が入っ

ても持っていかれないものが大事」という考えをもっていて、私に教育の機会を与えてくれたのだと思います。

大学では、生物を扱う学部として理学部や工学部もありますが、農学部がリアルな生活に近いと思い選びました。就職活動の際にお目にかかった明治製菓の研究員がすごく面白い方で、こういう人の下で仕事ができたら楽しいだろうなと直感だけで志望しました。入社試験のときに会った方々も非常に感じがよくて、そのまま入社しました。当時は研究室から推薦されたらそこが第一候補で、今のように何社も受けるということはありませんでした。

1989年に明治製菓に入社し、生物科学研究所に配属されました。医薬品事業と食品事業、その中間領域に相当する素材事業があり、私はその素材事業で業務用の酵素、たとえばゴワゴワのジーンズを柔らかい風合いに加工する酵素の開発を担当していました。

1997年に、栄養機能開発研究所に異動になり、栄養や機能性に特長をもたせた菓子形状の食品開発に携わることになりました。そこから、ビスケットやクラッカーなどの焼き菓

子を試作する日々が続きました。その後、研究所と本社を行き来しながら、ゼリーやタブレット、チョコバーなど、いろいろな商品を開発しました。もっとも、それらのうち、いまも市場に残っているものは少ないです。

2015年に経営企画部に異動になりました。その後着任した技術研究所で、栄養研究部の部長職を拝命し、粉ミルクや高齢者向け流動食、スポーツ選手向けのプロテインなどの評価に携わりました。

2021年には、研究戦略統括部に異動して、戦略を立案し、運営を支援する役割に就きました。研究所同士、さらに研究所と本社や工場をどのように連動させるかも大事な役割です。2022年6月に執行役員に就任しました。

「予期せぬ異動」で自分を発見

自分のキャリアに影響を与えたのは、30歳のときの産業用酵素の研究から食品の試作をする部署への異動と、50歳を前にしての経営企画部への異動という「予期せぬ異動」です。自分には向いていないし、自分からは選ばないと思う仕事でしたが、やってみると、その中の狭い範囲でも面白さを見出すことができ、自分に向いていると思える部分がありました。自分では自分のことはわからないもので、異動はそれに気づく好機でした。

特に、経営企画部への異動に際しては、上司に視座を上げてもらいました。それまでずっと研究開発にいたので、経営人材が身近ではありませんでしたが、そのような人たちを近い距離で見ると、「本当に会社のことを考えているんだな。悩んだりもがいたり、ものすごく人間臭い部分もあるんだな」と、そのような立場で力を尽くされていることがわかり、上級管理職や経営人材に対して良いイメージをもつきっかけになりました。

目の前のことを一生懸命やっているうちに、好き嫌いだけでなく、自分の得意なことや不得意なことがわかるようになったことに加え、得意な分野を「個性」として前に出すことで、より自分に合った仕事を与えられるようになりました。自分が成長できたのは、このような機会を作ってくれた上司との出会いがあったからで、そこには「運」の要素もあったと思います。私が何かを取りに向かったのではなく、結局のところ、周りに導いてもらって今に至っています。

管理職・執行役員の働きがい

　管理職にと打診されたときは「やっとなれる」と嬉しかったです。当時は商品企画にいたので、自分がいいと思う商品を出したいと思っても、人に聞いて回らなければなりません。管理職になれば裁量権が広がって自分で引っ張っていけます。売れる商品を出したいという思いが強く、昇格を望んでいました。

　管理職になるには管理職登用試験に受からないといけないので、試験を受ける時点で、すでに管理職を目指すことを決めているわけです。ですから、「私がなっていいのか」と悩むことはなく、むしろ「早く自分に機会を与えてほしい」と思っていました。

　リーダーシップに関して、サーバントスタイルが素敵だと思いますが、私には合いません。私は、先頭で旗を振りながら、自分でやりたがってしまいます。それでも、完璧にできればいいのですが、自分にはできないことも多く、部下に助けてもらって体裁を取り繕っているので、部下は大変です。リーダーはフォロワーで決まるとよく言われますが、まさにフォロワーに恵まれてきました。

　仕事をしている最中に「やりがい」や「働きがい」を考えることはまずありません。大きな方向性として意義があると感じられれば、あとはとにかく目の前のことに集中する。そうしているうちに手応えを感じる部分も出てきますが、手応えがない中でもがくのも悪くありません。「面白いことをしたい」とは思いますが、「やりがい」を求めて何かをしている感覚はありません。

　執行役員になったとき、これまで一緒に仕事をしてきたたくさんの方から、直接、あるいはメールでいろいろな言葉をいただきました。その中で多く言われたのが、「明治が変わろうとしていると感じた」というものです。私の就任を変化の兆しと感じて期待してくださっている方がたくさんいることを嬉しく思い、その気持ちを大事に仕事をしています。これが「働きがい」なのかもしれません。

　仕事や活動においてもっとも重要だと思う価値観は、「自分事化」することです。どのような立場にあっても、自分のこととして働くというのは、こだわりたい点です。会社の将来は誰かが決めてくれるものではなく、自分が影響できるもの。異動を機に、あるいは管理職なり、さらに執行役員になって、少しずつ目線

を上げて「自分事化」することができるようになったのは、よかったと思っています。

失敗は事実として受けとめて次を考える

挫折や悩みについては、おそらく乗り越えてはいないと思います。うまくいかなかった仕事もたくさんあります。別の仕事がうまくいったからといっても、それはそれです。

乗り越えるとか考えず、不得意な領域は人に頼り、なるべく得意な領域で貢献できるようにしています。昔、失敗したことがある仕事を今ならうまくやれるかというと、やはりできないものも多いでしょう。済んだことは仕方がないので、気持ちを切り替えて目の前の仕事に向き合う。そうこうしているうちに目線が上がる中で悩みの種類が変わっていきます。

自己肯定感は標準的か高いほうだと思いますが、あまり気にしていません。自己肯定感を左右するのは、おそらく評価だと思いますが、結局、成功は成功、失敗は失敗です。それは事実として受けとめて、その次までこういう結果だと思ってやるしかありません。「自己肯定感」という形で深く考えるよりは、うまくいっ

たか、いかなかったかというところだけを見て、それなら次はどうしようか、ということを考えます。

女性の数を増やしていきたい

今、研究所はわりと女性の管理職比率が高く、本社も管理職比率が上がってきています。一方、工場のような生産現場や支社のような営業の現場では、女性の管理職がほとんどいません。今後一層、女性の管理職を増やし、女性の活躍の場も増やしていこうとしていますが、道半ばです。

私の場合、ものごとがうまくいってもいかなくても、「女性であること」と結びつけて考えられることが多くあります。会議で私が発言すると、「女性はこう考えるんだ」と捉えられてしまうなど、個人の意見なのに女性代表の意見のようにすり替えられてしまうのは課題です。男性が発言したときに「男性はこう考えるんだ」とは思わないですよね。

女性の数がもっと多くなれば、この女性はこういうことを言ったけれど、別の女性は違う意見を言った。その向こうでまた別の女性が違う意見を言ったというふうに、女性にも多様な意見があることが共有できて

148

いきます。そこに至るにはまだ数が足りません。そしてこれは、性別だけでなく職場の少数派すべての人に共通する課題です。

後輩の女性たちには、「自分で思う自分というのはごく限られている。自分の見える世界というのも限られている」と伝えたいです。私自身、いろいろな上司の人に見出してもらってやってきました。自分で無理そうだなと思うようなことにも可能性があるかもしれないので、あまり決めつけずに、ほかの人から「やったほうがいいよ」とすすめられたことを大事にしてと言いたいです。特に自分の得意なことは個性につながるので、それを大事にしてやってみる。自分で「それは…」みたいな感じで決めつけないほうがいい。みんな伸びしろがあり可能性がある人たちなので、いろいろな機会を活かしてほしいと思います。

きょうの時間は 明日に繰り越せない

時間管理はあまりできていません。ワークライフバランスは考えないようにしていて、やりたいことをやるみたいにしているので、時々ワークばっかりになってしまいます。

好きな考え方が

「きょうの時間は明日に繰り越せない」

というものです。お金もものも明日に繰り越すことができる中で、時間は繰り越せません。そんな大事な時間を好きに使いたいなら、やりすぎだからと躊躇しないで、片づけたいって思うときにはとことん片づけてしまうのもいいのではないかと思っています。仕事ばかりしているときもありますし、仕事を忘れて遊びに行くときもあり、そんなに綺麗にバランスをとりながらという感じにはなっていません。

研究開発環境の整備に 尽力したい

今後の展望としては、明治を強くする、特に研究開発を強くすることで会社を強くする、ということに取り組みたいです。研究所という組織の中で、若い人の中に、悪目立ちしたくないと過剰に周りに気を遣って、自分で自分の可能性にふたをしてしまっている人がいるのではないかと気になっています。

研究員が縮こまるのではなくて、それこそ失敗しても全く構わないので、のびのびと仕事に取り組むことができて、自分の得意なところ、その個の強みを大いに発揮できるよう

にしていきたいです。結果、明治の イノベーションの中核として貢献で きるようにすることが、私の役割で す。

　また、研究管理として人や予算な どのリソース管理も私の仕事なので、 働く環境を整えるという形で貢献し たいです。明治では「健康に注力す る」という方針を掲げていて、お客 さまの健康とともに、個人的には従 業員の健康についても関心を深めて います。これは研究開発とは切り離 し、たとえば食堂のメニューをもっ と健康的なものにできないか、など にも取り組んでいます。従業員の健 康のために職場環境をより良くして いくためにできることはいろいろあ りますから。

「餅ばあちゃん」から 生き方を学ぶ

　おすすめしたい本は、NHK の 『プロフェッショナル 仕事の流儀』 で紹介された、青森県の桑田ミサオ さんの『おかげさまで、注文の多い 笹餅屋です』です。ミサオさんは、 60歳から餅作りを始め、75歳で起業。 山に分け入って 1 年分の笹を取り、 毎日笹餅を作っています。

　ただ作り続けるのではなく、もっ とこうしたほうがいいと、いつも工

夫をしています。大目標があるわけ ではありませんが、目の前のことを どんどんやることで、次にやること が見えてくるという生き方がいいな と思いました。 「十本の指は黄金の山」という言葉 が出てきますが、これはミサオさん が母親から言われてきた言葉です。 「とにかくこの指さえ動かしていれ ば、お金に不自由することはない。 なんでも作れるということを覚えて おきなさい」と、自分の指を使って 働くことの価値を教えています。

　決めつけず、深く考え込みすぎず、 でも働くことはすごく大事で、やり 続けるべきであると、根源的な考え 方が込められているように思いま す。

　今、キャリアディベロップメント といって、こうありたいというとこ ろに向けて、これを経験して、あれ を経験してというふうに、かっちり 考えてつくっていくようなところが ありますが、環境も変わりますし、 自分も変わります。そのような状況 にあっては、そんな先まで計画しき れないという揺らぎがあります。あ まり決めつけずに、でもちゃんと目 の前のことを経験して、きちんと役 割を果たしながらやっていくという 生き方もいいと思わせてくれる本で す。

Leader's Profile *18*　「世のため人のため」直感を信じ、信念を貫く

ヤマト・スタッフ・サプライ株式会社

岩手支店支店長

松本 まゆみ ［まつもと まゆみ］

1963年生まれ
1998年ヤマト運輸入社
2007年盛岡駅前センター長
2010年営業企画課課長
2017年ヤマト・スタッフ・サプライ事業戦略部マネージャー
2018年北日本統括支店マネージャー
2021年岩手支店支店長

企業情報

本　　社：東京都中央区

従業員数：210,197名（連結）

事業内容：陸運

会社概要：ヤマトグループは1919年に創業し、日本初となる路線物流事業や個人間荷物から始まり、お取り寄せ・通販・企業間荷物にまで広がった「宅急便」の開発など、時代の最先端ニーズに応えるイノベーションを創出してきた。今日では、日本全国を網羅する精緻でフレキシブルな物流ネットワークを構築することで社会インフラの一員として、物流を通じたお客さまや社会の課題解決に取り組んでいる。ヤマトグループはこれからも、お客さまの生活をより便利に、また、法人のお客さまの事業、経営判断に資する新たなサプライチェーンを総合的にご提供できる存在を目指している。

ダイバーシティ＆インクルージョンへの取組み

　ヤマトグループでは、約21万人の多様な価値観や経験、そして多様な考え方やライフスタイルを持った社員の方が働いています。性別、国籍、年齢などにかかわらず、お互いを理解し、認め合い、一人ひとりがやりがいを持ってイキイキと働ける組織づくりを目指し、グループ全体でダイバーシティの取り組みを推進しています。

　また、ダイバーシティ・インクルージョンの考え方はヤマトグループの創業の精神である「全員経営」とも通じています。ヤマトグループは「人」を会社の一番大切な財産と位置付けています。それは、社員一人ひとりの創意や工夫、努力の結集が企業としての価値を生み出しているからです。ヤマトグループは今日に至るまで、お客さまのニーズに合わせ、次々と新しいサービスを拡充してまいりました。今、社会環境は大きく変化し、お客さまのニーズも急速に多様化しています。この変化に柔軟に対応していくためには、組織の中で活躍する人材も多様化していかなければなりません。そして、多様な人材がイキイキと活躍するためには、働きやすい環境づくりを行い、効率的な働き方の推進や、仕事を通して成長が実感できるしくみづくりを進めていくことが必要だと考えています。

　例えば、職場環境改善に向けた全社調査や研修の実施、管理職者の行動変容を通した組織風土改善・活性に向けた自組織運営と部下との日々のコミュニケーションへの活用について学ぶダイバーシティマネジメント・リーダーシップ研修等の様々な取り組みを推進しています。また、日々の業務に即したヤマトグループ独自の「ユニバーサルマナー検定」を設け、全社教育を実施しました。これは、障害のある方のお困りごとや適切なサポートなどを学習できる他、荷物の受け取り・発送をする場面などを想定した、日々の業務に即した独自のカリキュラムです。障害のあるお客さまのお困りごとに対して、仕組みをつくるだけでなく、社員一人ひとりがユニバーサルマナーのマインドを持ち対応することが重要だと考えています。すべてのステークホルダーの人権に配慮した事業活動を推進すると共に、一人ひとりの「違い」や「価値観」を認めて、受け入れ、いかしあうことで“誰一人取り残さない”社会の実現に向けて貢献する企業であり続けたいと思っています。

インタビュー

パートのドライバーとして
入社し、仕事の楽しさを知る

　東京の美術大学を出た後はデザインの仕事に従事しましたが、離婚を機に子ども2人を育てるために故郷の盛岡に戻りました。生活のためにパートのセールスドライバーとしてヤマト運輸に入社し、昼間は寿司屋でアルバイト、午後はヤマトの集配、夜はデザインを描いて生計を立てていました。

　ドライバーの仕事では、どこへ行っても「ありがとう」と感謝されました。次第に「もっと喜んでもらいたい」と欲が出てきて、ほかのアルバイトはすべて辞め、ヤマト一本の生活が始まりました。ヤマトの社員は、創業者・小倉昌男元社長の「世のため人のため」という"小倉イズム"を引き継いでいます。実際にお会いすることは叶いませんでしたが、著書を何度も読み返し自分を鼓舞して頑張ってきました。

人生を変える強烈な体験

　正社員に登用されてからは、競合より早く取引先に荷物を届けて契約を取るなどの成果を認めていただき、翌年に盛岡駅前センターのセンター長になりました。当時、女性のセンター長はおらず、周囲からは、「松本はどれくらいやれるのかな」ぐらいに見られていたと思います。担当エリアが商流地区で収益も社員も増えている黒字センターだったので、私もこのまま順調にいくのだろうな、と思っていました。

　2008年春のある日、一人暮らしの高齢女性に、いつものように息子さんからの荷物を届けました。女性はいつも元気でトラックの音がすると玄関まで出てきてくれていましたが、その日は玄関から声を掛けても姿を見せませんでした。奥から「荷物は置いておいて」という声が聞こえ、何かおかしいと思いつつも、私は次の集配に向かってしまいました。女性はその日の夜に亡くなり、発見されたのは3日後だったと聞かされました。いわゆる孤独死というものです。

　最後に話をしたのは私だったのではないかと思うと、自責の念に駆られ、半年近くは仕事が手につきませんでした。「どうしてあのとき、もう一声掛けなかったんだろう」「身近なところで高齢者の一人も助けら

れないような人間がセンター長をやっていていいのか」と。

　対面で配達するドライバーは、そのほとんどが地元で育った現地採用者です。顔なじみのお客さまの様子が気にかかることも多いのですが、仲間内で「心配だ」と話をするだけで、つなげる先を知りませんでした。この経験はほかのどのドライバーも直面する可能性があり、徐々に自分ができることはないか、企業としてなんとか見守りができないかと考えるようになりました。

なんとかしたい、という強い思いから見守りサービス誕生

　お客さまの生活に身近なドライバーだからこそできることを活かし、孤独死を防ぐ仕組みをつくりたいという思いから、配達と見守りを一緒に行うサービスを考えました。一生懸命作った企画書は、当時の主管支店長には「企業として赤字ではできない」と突き返されました。悔しさを抱えながら家に帰って再度読み返してみると、企画書の至るところに問題点とアドバイスが赤字でぎっしりと書き込まれていました。

　その後も検討を重ね、「ここさえクリアすればできる」とわかっても突破する術がわからなかったり、何

度チャレンジしても失敗を繰り返したりが続き、見えない壁に心が折れそうになっていきました。

　そんなとき、県立大学の教授の研究に関する記事を見つけ、全くツテがないまま助けを求めて手紙を書きました。数ヵ月後にお返事をいただき、それをきっかけに、2009年に厚生労働省のモデル事業として、職場を巻き込んでの実証実験につなげることができました。

　実験では、県の社会福祉協議会（県社協）が高齢者宛のお知らせをクロネコメール便で毎日発送し、手渡しするドライバーの対面情報を県社協にフィードバックします。対面でなければ気づかない顔色や服装、会話による日々の変化などの情報は高い評価を受け、この成果は先の主管支店長に認めていただくことができ、さらに、社内で発表する場で社長賞を受賞しました。

　その後、見守りサービスの事業化に向けて、異動でこられた次の主管支店長に「社内に福祉に関する事業部を作り高齢者の孤独死をなくしたい」という思いを伝え、サービスの企画書を提出しました。すると、主管支店長はすぐに、「1年間時間をやるから好きなようにやってこい」とチャンスをくださったのです。同時に営業企画課課長の肩書きをいた

だき、自分の意思で自由に動ける環境が整いました。

同じ時期に、厚生労働省の取り組みを知った西和賀町社会福祉協議会（社協）の事務局長に、町を助けてほしいと声を掛けられました。全国第2位の限界集落を抱えるこの町をどう支援していけるのか、事業化への道はそう簡単ではないと感じましたが、表面的な理解ではなく現場を知ることが大事だと思い、まずは単身で現地調査を開始しました。

地元のおじいちゃんおばあちゃんと一緒にお風呂に入り同じ生活をしていると、様々な現実に直面しました。買い物は週に1度の移動販売車に頼り、それすら家から3キロの山道を歩かなければならない方もおり、販売車が急遽休みの日は冷凍の塩鮭でしのいでいるということも知りました。

「この時代に、この状況を受け入れるしかないなんておかしい」と強烈な問題意識が生まれたのです。同時に、一気に突破口が見えた気がしました。

現場のドライバー（SD）はおのおのが自分事として捉え、社協とスーパーと連携して町一体となってサービスの構想を仕組み化していきました。

そして2010年9月、お年寄りから

の要望を受けて社協のスタッフが地元スーパーで商品をピックアップし、ヤマト運輸のSDが自宅に届け、その際、対面で気づいた点を社協に報告する仕組み「まごころ宅急便」が誕生しました。この取り組みは認知症の早期発見につながったり、倒れる前の異変に気づいたりと、世のため人のためになっていることを実感しました。

現場から発信し、行動することを大切にしたい

事業をスタートさせて半年後の2011年3月に東日本大震災が発生し、いてもたってもいられず被災地に向かいました。自身も被災者であるSDが必死で救援物資を配達するものの、それでも配達が滞っている状況を目の当たりにし、岩手県大槌町で、自宅避難の被災者に「まごころ宅急便」を開始しました。

県内へ水平展開し始めたのと同時期に、社内ではプロジェクト本部が立ち上がり、次第に厚生労働省の事業モデルとして全国に広がっていきました。そこにたどり着くまでは結構辛辣な意見も多く寄せられ、「福祉は専門家に任せるべきだ」との反対意見も散々ありました。

不安と悔しさでつらかった時期も

ありましが、続けることができたのは、「良い取り組みをしている」という実感と、「本気で変えなくては」という使命感、そして「この企画いいですね。絶対にやりましょう」と言って支えてくれた同僚たちのおかげです。この５年くらいは本当に濃くて、記憶が飛ぶくらいにいろいろとやりました。

振り返ると、「世のため人のため」「全員経営」といった社訓は、こうした経験から感じることがよくあります。

ヤマトでは、現場からの発信を大切にし、誰もが経営者の意識をもって判断し、行動するよう求められています。私はすべて自分が正しいと思っているわけではありません。でも現場の言っていることは間違いないので、常にその声を大切にしたいと思っています。

現場で起きていることから課題を見つけて発信している人たちがたくさんいる一方で、現場を知らない人が方針を決めるというのは変ですよね。

絶えず社会の課題に
向き合う

2017年に人材派遣のグループ会社であるヤマト・スタッフ・サプライに異動しました。65歳の定年を迎えたOBの方々を含め、私が勤めている岩手支店だけでもアクティブシニアが300人ほどいます。全国で考えたら何千人、何万人です。その人たちが生活弱者を支える、もっと活躍できる場所や機会があるはず！　と思ったんです。

現在は、５年ほど前から考えていた構想が実現し始めています。免許返納により外出困難な方や体力のないことが原因で、野菜を作ることはできても売り場に運べない高齢農家さんが多くいらっしゃいます。放っておくと廃棄になる、たくさんの野菜を循環させる取り組みを開始しました。

高齢農家さんが作った野菜をヤマトでまるっと回収し、産地直売所まで納品代行する。それ以外の野菜は介護施設に卸し、施設のアクティブシニアのみなさんが調理、袋詰めして加工品に変え、それを販売するために公営団地に持っていく。最後に残った野菜を子供食堂へと運ぶ。

それらを通じて得られた収益は、野菜を栽培した農家さんへの謝礼、運営費、施設で加工に携わっていただいた方々のお小遣いになります。全員にとって良いことをしてお金を回しています。

昔からやりたいと思っていたこと

に対して県から予算をいただき、そのチャンスが訪れて2023年6月末に第1回目を開始したばかりですが、本当に面白いです。これから展開していけるよう仕組みを作っていきます。こうした成功事例が喜んでもらえると思うと頑張れます。

様々な出会いがあって今の私がある

おばあちゃんの孤独死という原体験は、私の生き方をもう一度見つめ直すきっかけとなりました。苦しいときに一緒に動いてくれた仲間、機会とポジションを与えてくれた上司など、様々な出会いがあって今の私がいます。

「継続することこそが、もっとも大事」だと気づかせてくれた大切な原点もあります。2009年の実証実験に協力してくれたお年寄りの方々が、見守り訪問最後の日に「来てくれるのが嬉しかった、明日から寂しくなる」「また必ず来てね」と言葉を掛けてくださいました。そして私に食べさせようと、たくさんのお菓子や、朝から作ったというカレーを用意し、私の体調を気遣っての湿布や使い捨てカイロを、おのおのの手から渡してくださるなど、本当に名残り惜しそうに見送ってくださいました。

「途中でやめるくらいなら、初めからやっちゃダメだ!」と苦しくて申し訳ない気持ちで一杯でした。たぶん私はあの頃の光景が忘れられなくて、今も仕事を続けているのだと思います。

管理職、リーダーとしての自分

自分でも何をやりたいのか悩んでいる時期もありましたが、どうしても「まごころ宅急便」を実現したいという思いを伝え、営業課長をさせていただいたときは、「これで1年間好きなことができるぞ、やってやるぞ」と思い、とても嬉しかったですし、仕事が面白かったです。

いろいろなタイプのリーダーがいると思いますが、私は自ら率先して行動するタイプです。メンバーには目的や意図を伝えてやる気を引き出し、みんながのってきたらそっと抜け出して見守ります。極端に言うと、各地で取り組みがスタートしてくれさえすれば、自分はもうやることがありません。

私の示す方針に対してどの現場も歓迎ムードというわけではありませんが、「誰のために、何のためにやるのか」を絶対に明確にします。そこから自分事にしてくれたらオッケ

ー。主役は私ではないので、次の現場へ行きます。地域によって課題は全然違いますし、課題は現場の社員が一番よく知っているので、私はあくまでもきっかけだけ教えればよいと思い行動していました。

現場で培った直感を信じる

自分の直感を一番に信じています。そういう意味では自己肯定感は高いほうなのかもしれません。私は自分自身を「暴れん坊」だと思っています。止められても絶対に大事だと思ったら行動してしまいます。

ただし、直感はいろいろな経験をしたうえで出てくるもので、未知の分野では出てきません。現場で培った肌感覚からアイデアが浮かぶと、実現したいことやそのためにすべきことの全体が見えてきます。

また、直球タイプといった周囲からのイメージとは違い、自分を客観的に見ているほうだとも思っています。

仕事をしていると、男性よりも女性のほうが気づきやすいことが多くあります。気づいたことはたくさん勉強して、突っ込まれても答えられるものを作り、「これをやりたい」とか「こうあるべき」と思うことは自信を持って言えるようになるとい

いかなと思います。

失敗しても大丈夫。挫折や失敗から得るものは大きい

小さなことでもチャレンジしてみる、そして課題に対して丁寧に取り組んでいくといった積み重ねが大事です。大きな会社だと全国で展開できるからいいなと思いますが、逆に進みにくいという側面もありますよね。今のままにしておけばもうすぐ異動だからと、そっとしておく人のほうが多いかもしれませんが、まずは始めることです。

失敗しても大丈夫、仕事なんてほぼほぼ失敗です。挫折や失敗から得るもののほうが大きいと思っているので、私自身は人の成功談はあまり心に落ちてこないんです。

また、自分で苦手だと思っていることの中には、どんなに努力をしてもできないこともあります。そのときは、もうできませんって手をあげてしまってもよいと思います。

いっぱい失敗して、成功が出てくれれば、それに対して自信がついてくるものです。あれもこれも、すべてやるのではなくて、課題だと気づいたことの中で、これはやらなきゃいけないと思うことを全力で徹底的にやりましょう。

Leader's
Profile
19

たくさんのメンターに
育てられたキャリア

横浜ゴム株式会社

**人事部ダイバーシティ＆インクルージョン推進
タスクリーダー兼ヨコハマピアサポート株式会社
取締役平塚事業所長**

若林 真知江 ［わかばやし まちえ］

1971年生まれ。
1994年に大学卒業後、数回のキャリアチェンジを通じ、
現在、横浜ゴム人事部に転職をして20年以上が経過。
担当は、ダイバーシティ＆インクルージョン推進および
社員のメンタルヘルスの相談窓口。
また、障がい者雇用の特例子会社の事業運営など、複数の
役割を兼務中。
様々な業務に携わりながらも、「マイノリティ社員の支
援」というセグメント領域に一貫して関わっている。

企業情報

本　　社：神奈川県平塚市

従業員数：5,399名（単独）、28,468名（連結）

事業内容：ゴム

会社概要：1917年創立の横浜ゴムは「心と技術を込めたモノづくりにより幸せと豊
　　　　　かさに貢献します」を企業理念に掲げている。基盤となるタイヤ事業は売上高の
　　　　　約70％を占め、日本初のコードタイヤの製造に成功して以来、環境性能に代表さ
　　　　　れる先進的な技術と独自性の強い商品で、国内外で確固たる地位を築くほか、タ
　　　　　イヤ開発で培ってきた、ゴム高分子技術、複合化技術、金属加工技術、設計技術
　　　　　をベースに、産業・生活を支える製品群を生み出すマルチプルビジネス（MB）
　　　　　事業、PRGRというゴルフブランドも手掛ける。また海外の拠点も50を超え、タ
　　　　　イヤから工業用ゴム製品にわたり幅広く社会を支えるグローバルタイヤメーカー
　　　　　を目指している。

ダイバーシティ＆インクルージョンへの取組み

　2016年から「女性活躍推進タスク」、2019年には「ダイバーシティ推進タスク」、2023年4月より「ダイバーシティ＆インクルージョン（D&I）推進タスク」に改称して活動範囲を拡大し、多様な人材の活躍支援を目的とした施策を行うと同時に、D&Iに関わる世界の動向研究を行っています。

【ダイバーシティの推進】

　性別・年齢・障がい者・国籍などにかかわらず、新しい価値を生み出す多様な人材の活躍を支援する施策の企画・立案・展開を行っています。

（具体的施策）キャリア自律型人材の育成／マイノリティ社員（女性・両立社員（育児・介護・病気など））の活躍支援／多様な人材が働きやすい職場環境づくり（例：在宅勤務、フレックスタイム、時間単位の特休取得、育休取得、各種休暇制度の拡充など）

【インクルージョンの推進】

　仕事を通して共に働く帰属感の醸成と、個人の経験・能力・自分らしさが発揮され、活かし合える風土の醸成を推進しています。

（具体的施策）インクルージョンマネジメント強化／心理的安全性の高い職場作り推進（メンタルヘルス予防・ハラスメント防止・アンコンシャスバイアスセミナーの開催など）

【LGBTQ+の受容と理解推進】

　性的マイノリティに関するD&Iの促進と定着を支援する活動も積極的に行っています。LGBTQ+の理解を深めるための社員教育をはじめ、各種人事制度の適応範囲に事実婚を認める拡充、相談窓口の設置などの取り組みを行っています。

【障がい者社員・シニア社員の活躍の推進】

　2012年に障害者雇用促進法に基づく特例子会社ヨコハマピアサポート（YPS）を設立し、主に知的障がい者の定期的な採用を継続し、構内清掃業務、社内メール配達、名刺作成業務などの業務を行いながら、さらなる活躍範囲の拡大を目指しています。また2013年には、定年退職した社員を最長70歳まで正社員として雇用するヨコハマビジネスアソシエーション（YBAC）を設立。横浜ゴムで培った豊富な知識や経験を有した人材をYBACに集め、活躍の場を展開しています。さらに、YBACを通じて、ボランティア活動など地域・社会貢献にも積極的に取り組み、シニアの活躍の場を広げています。

インタビュー

1994年に大学を卒業し、総合病院で臨床検査技師として働き始めました。生体検査は命に関わる仕事で緊張の連続でした。その後、人事の仕事に移り、社内の人材紹介の仕事をしている方から、横浜ゴムが創立80周年記念に建てる「湘南セミナーハウス」の開設準備室のスタッフを募集していることを聞き、新しいことにチャレンジしたくて転職を決意しました。そのセミナーハウスで順調に仕事をしていた中、人事部への異動が決まり、採用業務を担当することになりました。採用業務は、前職の経験が活きる仕事とはいえ、新しいことにチャレンジしたくて転職したのに、正直、またかという思いがありました。しかし、採用の仕事は、「いつまでにどのような人材を何人採用する」という目標が明確なので、前向きに目標達成に取り組みました。とはいえ、自分が採用した社員が退職してしまう現状を見て、次は人材育成の仕事がしたいと希望し、その仕事に就きました。その後、障がい者の雇用率の課題に直面し、特例子会社の設立に携わることになります。その子会社を設立し、創業した2ヵ月後から産休に入りました。育休明けは、福利厚生の仕事に就き、老朽化した寮や社宅の建替えや売却などの仕事に携わり、人事部に入ってはじめて、大きなお金の出入りに関わる経験をしました。同時期、女性活躍推進のタスクを立ち上げるので責任者をやるように言われ、それが現在の仕事につながっています。

メンタルヘルスの相談窓口の仕事は20年近く続けています。特例子会社も設立11年目を迎え、現在も事業運営に携わっています。いろいろな職種を経験していますが、振り返ると、一貫して「マイノリティを支援する」というユニークな役割も担ってきているように思います。

たくさんのメンターが
支えてくれた

私の世代は、結婚をしたら女性は会社を辞める人が多く、私も、臨床検査技師の資格があるので、いつ会社を辞めてもいいと思っていました。それでも、ずっと仕事を続けてきたのは、子どもがいなかったので自分の時間がたくさんあり、目の前の仕事を一生懸命する以外の選択肢はなかったように思います。結婚してから15年以上が過ぎ、子どもを諦めていた矢先に妊娠しました。

最初に管理職にと打診されたときは、まだ子どもが欲しいと思っていたので断わりました。何回目かの打診を受けて管理職になったときは、何を期待されているのかよくわからず、ウェルカムな感じも受けず嬉しいとは思いませんでした。約15年前になりますが、管理職になった当初は、女性の管理職はほとんどおらず、また「女性は目立ったらいけない、男性のスーツと同じ色合いの服を着て、気配を消したほうがよい」と言われました。良かれと思ったアドバイスだと思いますが、とても居心地が悪く感じたことを覚えています。そんな中でも、仕事を続けてこられたのは、現在の上司である役員が私のキャリアを支えてくれたと言っても過言ではありません。彼がはじめて管理職になったときの最初の部下が私で、以後、一緒にやってきました。会社にはそれぞれの風土があり、中途入社の私には何を言っているのかわからないことが多く、彼がバウンダリースパナーとなり会社と私の仕事をつないでくれました。

今振り返ると、女性だからか、中途入社だからか、性格的に出すぎたからなのか、社内のゲストだと感じる時期もありました。たとえば社内での発表時に「こちらはダイバーシティの研究をされている若林さんで

す」と紹介される。そんなインクルージョンされていない感覚や孤立感を抱える中で、チームの一員になれたように感じ、帰属感を高めてくれたのが、上司の支えでした。

プライベートで私のキャリアを支えてくれているメンターに、かけがいのない友人、子どもの頃から習っているピアノの先生、大学時代の恩師、他社の先輩たちがいます。幼なじみの親友には、何かものごとを決めるときは必ず相談します。ピアノの先生のアドバイスで忘れられないのは、私の「どっちを選択したらよいか」との相談に、「どっちもよ」と言われたことです。「2つもいいの？」と驚いたら、「当然じゃない。どっちも選びなさい」と。現在、複数の仕事を兼務したり、プライベートの両立で悩むとき、このアドバイスが根底から効いていると感じています。ママ友という、戦友でありかけがえのない仲間ができたことは、子どもに感謝です。年齢も職業も役割も異なるたくさんのメンターにキャリアを支えてもらっています。

メリットを活かす
コミュニケーション

特例子会社の所長として、たくさんの年長者のマネジメントをしてい

ますが、最初の頃はだれも言うことを聞いてくれませんでした。今では私が想像している以上の提案をしてくれます。そこで発揮されるリーダーシップは、「頼りになる」という言葉を超えた、素晴らしいものがあります。信頼関係を作り上げるにあたっては、彼らの不満を解決できるよう、私ができることを日々見つけて、それを一個ずつ埋めていく地道な作業から始めました。私とコミュニケーションをとるメリットを感じなかったら、そこで関係性は閉ざされてしまいます。いつかメンバーの役に立てる日がくると信じて諦めずコツコツやってきた感じです。

　若い人に対するマネジメントでは、情報を常に共有することを心がけています。情報がないとやらされ感が高まるため、どういう経緯でこの方針が決まったのか、なんのためにこの仕事を行うのか、目的を繰り返し丁寧に伝えています。

　フィードバックは、良かった、悪かった、こんなふうに思った、と直接本人に伝えるようにしています。思ったことをそのまま言えるようになったのは最近のことで、心理的に安全な場があるからだと思います。チームのメンバーも同じように思ってくれているといいなと。

　新たな課題が与えられると、最初は「この仕事はいやだな」とよく思うものの、やり始めると、社内で一番「やりたい人」になっていて、「そんなに言うならしょうがねーな」と周りが協力してくれることが多いです。新しいことへの挑戦が好きで、誰かがやったことの繰り返しは面白くなく、苦手かもしれません。

　リーダーシップの形は、年齢、スキル、個人の特性によって、オーセンティックスタイル、サーバントスタイルなど、変えるようにしています。

　業務以外のコミュニケーションは、夜の時間よりもランチを使うことが多く、美味しいねと喜んでもらえるよう、お店は厳選して探すため、幹事は自分でやります。

家族と楽しく過ごす

　小学生の子どもがいますが、忙しい日々、子どもに「遊ぼう」と言われても、「30分しか遊べないなあ」と言っていました。先週、ちょっと時間があったので私から「遊ぼう」と声を掛けたら、「30分しかないけどいい？」って言われて…。家で机に向かう私の隣に座り宿題をやるようになり、一緒に学べることが何より幸せな時間だと感じています。「ママが笑うと僕も嬉しいよ」と言

ってくれるときもあれば、反抗期が始まって「ふざけんな」なんて突然言うときもあります。そこで子どもに、「わかりにくいから反抗しているときは左手上げてね」とお願いしたらちょっと手が上がっていてかわいいなと思います。独立した個と尊重して向き合うことを大切にしています。

　実家が関西だからなのか、「楽しんでもらえているか」はすごく大事です。小さい頃から、きょう何があったかを家族に話すとき、オチを付けて面白く話さないといけないということを気にしていました。母は専業主婦でしたが、社会で自分の力で生きたいと司書の資格を取って、私が小学生のときに働きだしました。その姿を見てきたので、頑張って資格を取って、女性も職業人としてキャリアを積みたいと思いました。

親冥利・上司冥利に尽きること

　ワークライフバランスのワークとライフの境界線はあまり意識していませんが、優先順位の一番はやはり子どもです。先日は、習い事を始めたいと言ってきました。何かを「したい」と言ったときに親が反対しないで「いいね」と言ってくれるだろ

うと安心して自分の好きなことを選べる、そういう瞬間に立ち会えることは親冥利に尽きるなと感じます。

　仕事のメンバーも同じです。「これがやりたい」と安心して提案してもらえることは、上司冥利に尽きます。メンバーが何かを選択するとき、自分で決めて責任を持つことをすすめています。二択で迷っている人には、もう一つカードを出して選択肢を増やしたい。赤と青で迷っている人には黄色もあるよって。「そんなこと思いつかなかった」とやる気になってくれたら嬉しいです。

仕事と育児・介護との両立

　後輩の女性には、「キャリアは細くても長く」と伝えたいです。

　子どもが病気になり、年に何度も手術を受けなければならなくなったことがありました。入院が長引き、女性の主治医に「仕事を辞めます」と言うと、「短期的な視点でものを考えたらダメよ。今辞めてどうするの」と叱られました。そう言ってもらったことが、今のキャリアに大きくつながっていると思います。

　産休明けの女性は「つらい、もう無理かも」と思うことが多いかもしれません。そんなときは、「時短を取る、仕事をもう少し減らす」など、

いったんステイしたり、周りを見渡して助けてくれる人をできるだけ増やすなどして、短期的な視点でキャリアを諦めないでと伝えたいです。

白物家電が「三種の神器」と言われた時代がありましたが、今のママたちには「食洗機と乾燥機付き洗濯機と出前館があれば、とりあえず家事はできる、なんとかなる、それを駆使して！」と言っています。時間がなくて食事を作れないとイライラしているより、配達を頼んだほうがいい。みんなが平和になれます。

お金で解決できることを優先することも大事だと思います。

少し前のことですが、父が大病を患いました。一人娘の私は実家で父の面倒を見たい。でもキックオフが終わったばかりのチームを投げ出して介護離職というのも違う。また、やせ細った父でも私には重くてお風呂に入れることができませんでした。介護のプロを雇うことが大事と思い、そのためにはお金がかかるから、私はお金を稼ぐ係になろうという目標を立てました。そして、実家に帰って地域包括支援センターに相談した結果、いい介護チームを組むことができ、私はその場にずっといる必要がなくなりました。子どもの成長は何年と決まっていますが、介護は予想ができないむずかしさがあります。

育児と同じように、協力してくれる人をどう増やしていくかが大事だなと思います。そして、自分がたくさん助けてもらってきた経験をキャリアとして活かし、誰かを助けられるときは全力で支えていきたいと考えています。

管理職になって良かった

管理職になり、視野や視座が広がりました。それまでは一部しか伝わってこなかった情報が、会社の方針などに触れる機会が増え、「こういうことを言っていたのね」とわかり、全体が見えるようになりました。

そして、管理職になって、やっと主語に We が使えるようになりました。「私はこう思います」とか「あなたたちはこう思っているのですね」と言っていたのが、「私たちはこうしたいですよね。私たちの課題はここですよね」という言い方ができるようになったのは、責任とポストを与えられたことで、一緒にチームでやっていこうと思えるようになったからです。「あなたたちの課題ですよね」では喧嘩になりますが、「私たちの課題としてどうするか一緒に考えましょう」と言うと、前に進む気がします。We が使えるようになって楽になりました。

ダイバーシティが良い！

モノクロの考え方は単純でつまらないものですが、カラフルな選択肢があると好奇心が掻き立てられ楽しくなります。まさにダイバーシティは素敵だと実感しています。

基本的に女性は優秀だと思います。ある日、男性にいきなりマウントされるのは、コンピテンシーやスキルの違いではなく、役割が増えて優先順位が変わるときだと思います。ずっと同じメンバーで構成されたチームでは、「途中で少し抜けます」とか「きょうは早く帰ります」と言うと、仕事を疎かにするという残念感をもたれることがあります。でも、心理的安全性の高い環境で能力が発揮できれば、短期的に優先順位が多少変わっても、中長期的にはキャリアを諦めずプロフェッショナルを目指すことができると思っています。多様な働き方を認め、高い結果にフォーカスするマネジメントができる人が増えれば、ダイバーシティな組織で女性をはじめとするマイノリティが疎外感を感じることは軽減することでしょう。

女性が管理職になったときは、「女子会にようこそ」とお祝いをします。不安そうな人には「息をしているだけで大丈夫。つらいときは一緒に話そう」と励まします。女性はナレッジ共有力が高いところがチャームポイントであり、女子会は最高です。

これからやりたいこと

私は、実務家としての実績しかなかったので、自分が発している言葉に自信がありませんでした。またアウトプットできるものがなくなったと感じ、大学院に行こうと思いました。大学院では、理論やフレームでものごとを考えて、そこに当てはめて説明していくことが、結果として計画の失敗を減らすことを学びました。より根拠のあるものを調べるという癖もつきました。今後もたくさんのことをインプットして引出しを増やしたいと思っています。

これからやりたいことは、インクルージョンの風土がないとダイバーシティは成り立ちませんので、「心にインクルージョンを！」というスローガンを掲げてこれを推進すること、そして、公私にわたり若い人を応援していきたいと思っています。

おすすめの本はスティーブン・R・コヴィー著『7つの習慣』で、自分のミッションステートメントは毎年見直しています。

モットーは「逃げない」。
仲間とともに世界一を目指す

株式会社リコー

**生産購買本部購買・原価統括センター製品統括室
機種推進グループリーダー（課長）**

山岸 由美 ［やまぎし ゆみ］

1990年生まれ。

2013年、リコー入社。購買部門の加工部品統括室で板金や樹脂部品などのコストテーブル（査定ツール）の作成や仕入先様へコンサルティング業務を担う。

その後、電子部品統括室へ異動してセンサやヒーターなどのモジュール品のバイヤー業務を経験。継続して行っていた仕入先様へのコンサルティング活動では社内表彰制度で大賞を受賞。

2022年からEX（エキスパート管理職）として世界的な部品不足の中、半導体のバイヤーとして逼迫部品の対応（量産機種での代替変更やサプライヤーとのデリバリー交渉）を担う。

2023年、グループリーダー。新機種開発の生産準備活動や購買視点での意見を新機種開発へ反映していく活動を牽引。

企業情報

本　　社：東京都大田区

従業員数：81,017名（グループ連結）

事業内容：電気機器

会社概要：1936年に設立。創業以来85年以上にわたり、お客様の"はたらく"に寄り添い、お客様のDX（デジタルトランスフォーメーション）を支援し、そのビジネスを成功に導くデジタルサービス、印刷および画像ソリューションなどを世界約200の国と地域で提供。

「"はたらく"に歓びを」を企業理念であるリコーウェイの使命と目指す姿に掲げ、"はたらく"の未来を想像し、ワークプレイスの変革を通じて、人ならではの創造力の発揮を支え、さらには持続可能な社会の実現に貢献していく。

ダイバーシティ＆インクルージョンへの取組み

ダイバーシティ、エクイティ＆インクルージョン

　リコーは、社会の期待に応え、持続可能な社会の実現に率先して貢献するため、多様な人材が生き生きと活躍できる環境、イノベーションの創出を促進しています。そのためには、多様な従業員それぞれが自身のパフォーマンスを最大限発揮して活躍できる環境が必要です。

　この実現に向け、「ダイバーシティ・エクイティ＆インクルージョン（DE&I）」と「ワークライフ・マネジメント（WLM）」を経営戦略の一つと位置付けて取り組みを進めてきました。従業員の多様性を尊重し、生き生きと働けるような環境整備を進めるべく、リコーグループ企業行動規範を企業カルチャーの基本として従業員コミュニケーションを徹底しています。また、あらゆる多様性や価値観を互いに受け入れ、グローバルの従業員が一つのチームとして働く決意を表す「グローバル D&I ステートメント」を22言語、明確な行動規範として「グローバル D&I ポリシー」を17言語で定めています。

女性活躍推進

　リコーの DE&I 推進において、ジェンダーダイバーシティは最優先課題の一つです。特に日本においては、女性社員比率約19％に対し、女性管理職比率は７％未満という状況（2023年４月時点）であることから、「創業100年となる2036年までに女性社員比率と女性管理職比率を同等にする」という長期目標を掲げ、その中間マイルストーンとして2025年度末までには、日本での女性管理職比率を10％以上（国内外合わせたグローバルでの比率を20％以上）に引き上げることを目指します。

　グループ経営会議では全体施策の進捗確認を実施するとともに、特に課題の大きい日本においては役員による女性タレントへの個別インタビューを実施したり、将来の女性管理職候補の人材を個別に把握したりするなど、それぞれが直面する成長の課題に対応した支援体制を整備しています。

　2022年４月からは、リコー式ジョブ型人事制度を導入し、性別のみならず、年齢やバックグラウンドに関わらない登用をより一層積極的に進め、人材の活性化を図っています。

インタビュー

31歳での管理職昇格

　2013年にリコーに入社して以降、購買部門にて板金や樹脂部品等のコストテーブル（査定ツール）の作成や仕入先様へのコンサルティング業務、モジュール品のバイヤー業務、半導体のデリバリー対応等を担当してきました。2023年4月からはグループリーダー（管理職）として、新機種開発の生産準備や、購買部門としての視点を新機種開発に反映する業務を牽引しています。

　今のキャリアは当初から思い描いてきたものというよりは、その時々で目の前の業務に精一杯取り組んだ結果、自然と積み重なってきたものという印象です。業務を通じて経験と人間関係を培い、新たな業務に移ったときにそれらが活かされ、成果につながり、また新たな業務につながる…という形で、大きな点が重なり合っていつしか線になっていたという感覚を持っています。

　また、私のこれまでのキャリアは、私一人の力で作り上げてきたものでは決してなく、親身に私のキャリアを考えてくれた上司、切磋琢磨できる同僚や力を貸してくれた社内の関連する部門の方たちなど周りの方々のおかげだとも感じています。

　リコーは2022年4月に「リコー式ジョブ型人事制度」を導入し、同じタイミングで全社一律での管理職昇格試験を廃止しました。その結果、これまで平均40歳前後だった管理職昇格時期が個人の資質次第で早まることがあることは理解していましたが、それでも私自身の昇格はまだ当分ないと思っていました。そんな中、31歳のときに管理職（エキスパート職）への打診を受けることに。大きな驚きとともに不安も感じましたが、上司の期待に応えたいという思いに、パートナーからの後押しが追い風となり、昇格の話を受けることにしました。

管理職としての理想像

　管理職昇格については、正直そこまで強く望んでいたわけではありません。ただ、素晴らしい上司に恵まれたおかげで、私には理想の上司像が明確にありました。私は仕事を通じてその上司から、「周囲から信頼されることの大切さ」や「逃げない姿勢」を学ばせてもらい、いつかはこの方のようになりたいとずっと思

ってきました。管理職としてというより人として、理想の上司に近づきたいという思いがあったので、不安はあったものの、この打診を受けることに迷いはありませんでした。

個人の考えや思いを
受けとめてくれる会社

　私は、工学部出身ということもあり、学生時代からものづくりに興味がありメーカーで働きたいと思っていました。なかでも日本企業が世界の中で高いシェアを占める業界で働いてみたいと思い、事務機業界に興味を持ち始めました。最終的にリコーに入社を決めたのは、面接官からいただいた言葉に感銘を受けたためです。

　私の実家は、母が家計を支えていたこともあり、女性でも経済力を身につけて家族を守りたいという思いを小さい頃から持ち続けていました。そのため、リコーの最終面接で、「仕事を通じて実現したいこと」を問われたとき、「経済力をつけて家族を守ること」と素直に答えました。本来このような質問には、リコーという会社を通して実現したいことを答えるものだと思うのですが、最終面接の面接官であった役員は、「その思いを大切に、ぜひうちで働いて

もらいたい。たまには実家に帰るんだよ」と話しかけてくださったのです。

　私の考えや価値観を受けとめてもらえたことに深く感動し、リコーへの入社を決めました。そしてリコーが、個人の考えや思いをしっかりと受けとめてくれる会社だという考えは今でも変わっていません。

現場主義を大切に、
信頼関係を築く

　事務機業界において、なかでも購買部門において、若い女性は珍しい存在です。特に初めてお会いする方にとっては、社内外問わず「大丈夫だろうか？」と不安を感じられることもあったかと思います。そのため、私はこれまで、私が初対面で与えているであろう印象を覆す工夫を重ねてきました。

　たとえば、徹底的に事前調査を重ねる、現場に足しげく通い対面のコミュニケーションを心がける、積極的に質問する、調べたり勉強したりしたことを愚直に説明する、財務の知識を得るために簿記の資格を取る、業務に関連する社外イベントに参加してみる…など。

　若い女性でかつ購買部門であっても、ものづくりや現場の知識を疎か

にしない現場主義の姿勢を示し、この仕事に自身がいかに興味関心を持ち、真剣に取り組んでいるかを理解していただけるよう努めました。その結果、当初はなかなかコミュニケーションがむずかしかった方たちとも信頼関係を構築することができたことに加え、信念を持って諦めずにやり続けることで状況を好転させ、成果につなげられたことが大きな成功体験となり、以降の業務の励みとなっています。

物おじせず、相手の懐に
飛び込むことも必要

これまでのキャリアを振り返ると、仕事を通じて信頼関係を構築してきた多くの仲間に助けられ、そして支えられ、今の自分がいると感じています。

それでも時には、自身が女性であるがゆえに、男性同士ならあたり前のようにとれるコミュニケーションがとりづらいと感じることもあります。そのようなときは極力、物おじせず、相手の懐に飛び込むことを心がけています。そのときのポイントは「相手を理解しようとすること」。そのうえで、歩み寄れるところは歩み寄って、信頼関係を築けるよう心がけています。

リーダーとしての信念

私のモットーは「逃げない」こと。以前、社外研修を受講した際に、「逃げる背中は部下が必ず見ている」との話があり、あらためて振り返ると、私が信頼する上司やリーダーはみな、「逃げない」人ばかりだと実感しました。

管理職に昇格し、未経験の領域で、自分の知識では追いつかないことはたくさんありますが、決して逃げず、どうにか次の一手を出すために日々知恵を絞り、周囲にもその意思を示すようにしています。

私は、自身は人と比較して特別優れたところがあるわけではないと思っていますが、かつて上司から、「山岸さんは何があっても逃げずに最後までやりきる。その気持ちの強さを俺は買っている」と言ってもらったことがあり、能力面ではない気持ちの部分も強みになると実感できました。それからは、これまでよりさらに意識的に逃げずに立ち向かえるようになったと感じています。

また、メンバーに接するにあたっては、メンバーの発言や行動の裏にある背景にまで目を配るよう気をつけています。発言や行動のみで安易に判断するのではなく、どのような

思いや状況のもと、その発言や行動につながったのかをきちんと理解するため、1on1ミーティングをするなど、一人ひとりと真摯に向き合うこと、そして個々人を尊重することを心がけています。

　特に私は、チームの中では最年少で社歴も一番短いという立場にあります。先輩であるメンバーのみなさんから教わり、支えてもらわないことには何もできないので、敬語を使うのはもちろん、一人ひとりに尊敬の念を持って接することは当然だと思っています。

「謝ること」はメンバーを否定することでもあると気づく

　最近、とりわけ心がけていることは、簡単に謝らないこと。実は私は自己肯定感が低く、昔は何かあるとすぐ謝る癖があったのですが、リーダーになってから、私が謝ったり落ち込んだりすることは、メンバーを否定することにつながるのだと気づきました。

　自身の自己肯定感の低さが周りに大きく影響を及ぼすことを認識してからは、簡単に自分自身を否定せず、自分は部署やリコーの代表として責任をもって取り組んでいると強く主張できるよう、日頃から意識して自己肯定感を高めるよう努め、仕事面ではだいぶ改善されてきたと思っています。

家族とともにキャリアを構築する

　私は、母が家計を支えるという家庭環境で育ちました。大変な状況下にあっても、仕事をしながら決して家庭を疎かにすることなく、一人前に子育てをしてくれた母の背中を見て育ちましたので、将来は自分も「仕事をしながら家族を守っていく」という"志と覚悟"が早期に備わったと感じています。特に私が小さい頃は、働いているお母さんは、私の周りでは、きわめて稀な存在でした。

　私の母は仕事をしていても、周りのお母さんたち以上に家庭のこともしっかりやってくれていると、私自身はわかっていましたが、周囲からは必要以上に心配されるなど、働くお母さんという立ち位置が世の中でしっかり理解されていないと感じることが多々あり、私は小さい頃から、「働いていても、しっかりお母さんができると、いつか体現してみせる！」という思いを持ち続けてきました。

　また、与えられた環境にかかわら

ず、個人の思いや、やり方の工夫次第でいかように両立できることを母から教えてもらっていたので、私自身それを体現できるという自信もありました。

パートナーである夫の存在が大きな武器となっている

そんな背景もあり、私はパートナーである夫と、お互いが望むキャリアや今後のビジョンを共有し、家事は完全分業制とするなど、夫婦ともに仕事もプライベートも両立できる環境を整えています。

パートナーは自分が責任を持って実行できないことは簡単に口にしない有言実行の人。相手の意見を決して否定せず、意思を尊重してくれるので、「仕事のこと」「家庭のこと」をしっかり話し合うことができ、そこで決めたことは必ず守ってくれるという安心感があります。

家事は完全分業制なので、「これ誰がやるの？」という分担の曖昧さからくるストレスはありません。自分の役割をこなすことができたら休息を取ることもでき、相手に過度な期待をしてしまうこともなく、自分の時間管理もしやすい。家庭生活にはなんのストレスもありません。

管理職の打診があったときも、パートナーが親身に相談に乗ってくれ、家庭のことを調整してくれたおかげで、打診を前向きに受け入れることができました。パートナーの存在は、私が仕事をするにあたって大きな武器だと思っています。

仲間たちと世界一のバイヤー集団をつくりたい

今後の展望として第1にあげられるのは、入社時から変わらず、家族を守る経済力を得ること。半径1メートル以内にいる大切な人を守れない人が、その先にいる人たちに働きかけることなど、できないと思っているからです。

その次にくるのが、リコーの仲間たちと世界一のバイヤー集団をつくり、リコーの購買部門の価値を高めることです。半導体の供給が逼迫するという経験の中で事務機業界を守っていくには、同業界の競合他社や国内メーカーと張り合っているだけでは全く足りず、戦う相手はもっと先の世界にあると実感しました。

今の私の立場で世界一なんて、という恥ずかしさは、実際にはあるのですが、成し遂げたいことは口に出さなければ実現させることはできません。本気で目指したいと思っているので、今は勇気をもって「世界一

になりたい」と公言するようにしています。

後輩女性に向けての
メッセージ

キャリアは、自分が考えているよりもっと早いタイミングでその道筋が決まってくるように感じています。

漠然と将来に不安を感じて、「今はまだ早い」と、行動に移すことをためらう場面もありますが、それでもまずは、目の前にあって今できることに精一杯取り組むこと、最善の方法を精一杯考えることが大切だと思っていて、それらが積み重なると、自ずとキャリアは形成されるのだと考えています。ですから、何か迷うことがあっても「まず行動してみる」、それをおすすめしたいと思います。

また、私は普段、人生におけるウエイトを仕事だけに置かないように心がけています。一つに絞らないことで、仮にどちらかがうまくいかなくても「もう一つあるからいいか」と思うことができたり、気が紛れることで、結果的にどちらとも、上手に効率的に進められるようになることが経験上、多くありました。

学生時代であれば勉強とスポーツ、社会人になってからはダンスと仕事、今は家庭と仕事。

両方を手に入れたいと望むことは、時としてわがままであるかのように感じることもありますが、しっかり公言して、そこに向けて努力しないと何も生まれません。私は、欲張りだと言われたとしても、やりたいことや手に入れたいものを決して我慢しません。どのように工夫したら両方手に入れられるかを常に考えて行動しています。

両方を手に入れるために諦めずに頑張ることで得られる充実感は、両立のむずかしさに伴うストレスを軽減させてくれると思っています。

女性だからこそ、楽しめること
はたくさんある

女性が仕事をするにあたっては、何かを諦めなくてはいけないと感じる場面は多々あるかと思います。女性ならではのむずかしさというのは、どうしてもつきまといますが、それでも、仕事も家庭も趣味も美容も友情も…。女性だからこそ楽しめることはたくさんあります。それらを諦めることなく全部欲張ってもよいと思います。

私も試行錯誤の日々です。欲しいものは欲張って、全部手に入れられるよう、一緒に頑張りましょう！

Ⅱ 20人の女性リーダーの共通項からみる、自分らしい最高のキャリアのつくり方

1 女性リーダーの共通項

20人の女性リーダーのライフキャリアストーリーを読んで、みなさんはどのようなことに気づきましたか。どのように心を動かされたでしょうか。一人ひとり、感じられたことは異なると思いますが、女性リーダーのみなさんのキャリアは個性やエネルギーにあふれ、生き生きと"自分らしい最高のキャリア"を築かれている、と感じられたのではないでしょうか。

本書を発刊する目的の一つは、読者のみなさん一人ひとりに、自身の成長やキャリア形成につなげるためのカギや、女性リーダーを育成・登用するためのヒントをみつけていただくことでした。

そこでこの章では、20人の女性リーダーのストーリーから導き出した共通項を、女性がキャリアを切り開くのに必要な要件としてあげていきます。もちろん、20人という数は、データとして分析するには少なく、また、本書の性質上、共通項のまとめ方に主観が含まれていることは認識しています。それでも、共通項を導き出すことで、ストーリーを読むだけではみえなかったことが浮き彫りとなり、より深い気づきにつながることを期待しています。

《20人の女性リーダー 10の共通項》
①仕事を通じて成し遂げたい夢や目標が明確になっており、それを必ず達成するという強い熱意がある
②キャリア形成における女性特有の課題を認識し、課題解決に向けて自身がすべきことを理解し、実践している（アンコンシャス・バイアス、自己肯定感、育児との両立など）
③「やってみよう」「自分ならきっとうまくできる」という自己効力感がある
④「自分もあの人のようになりたい」と尊敬する人がいてモデリングしている
⑤失敗したことや納得いかないこと、自信がないことに直面しても必要以上に悲観的にならず、「割り切って前を向くことができる」
⑥与えられた仕事の意味を柔軟にかつポジティブに捉え、自身のキャリア形成に活かすことができる

⑦周囲と良好な人間関係を築き、支援を受けている

⑧自身の強みや弱み、思考の癖、価値観などを理解し、それらに基づいた自分らしいリーダーシップを発揮している

⑨仲間を尊重し、周囲に対する感謝を忘れない

⑩「成長意欲」が高く、自律的に「学び」の機会を得ている

　実際のロールモデルのストーリーを思い出しながら、それぞれの共通項について詳しくみていきましょう。

女性リーダーの共通項①

　仕事を通じて成し遂げたい夢や目標が明確になっており、それを必ず達成するという強い熱意がある

　星野リゾート・マネジメントの山根さんは、コロナ禍で旅行需要が急減し、一日に訪れるお客様が1、2組というような日々が続く中、モチベーションを失っていく仲間の声を聞いて「仲間のために自分が何かしたい」という強い想いに突き動かされ、石川県「界 加賀」の総支配人に立候補、見事就任し、職務を全うされました。山根さんは、もともとは前に出るような性格ではなく、どちらかというと怖がりだったそうです。しかし山根さんは、「仲間のために自分が動く」という、軸となる価値観をもっていました。その価値観が強い目的意識や熱意につながったことで、恐怖も苦手意識も乗り越えることができたのではないでしょうか。軸となる価値観は、みなさんのはたらくうえでの拠り所になるかもしれません。みなさんが大切にしている価値観はなんでしょうか。この機会にぜひ考えてみてください。

　また、ヤマト・スタッフ・サプライの松本さんは、ご自身が配達先を担当していた地域の高齢者が孤独死されたことをきっかけに、「自分がなんとかしたい」という強い思いを抱き、高齢者を見守るサービスを企画されました。孤独死をなくしたいという明確な目標に向けて何度失敗しても諦めずに企画を重ね、たまたまみつけた研究記事からツテもないまま大学教授に助けを求め、その後、事業化を成し遂げたというエピソードは印象的です。

　共通していることは、仕事を通じて成し遂げたいことが明確であること、うまくいかなくても決して諦めることなく代替の手段を探し、目標達成に向

けて突き進む熱意をもっていることだと感じました。

女性リーダーの共通項②

　キャリア形成における女性特有の課題を認識し、課題解決に向けて自身が
すべきことを理解し、実践している（アンコンシャス・バイアス、自己肯定
感、育児との両立など）

　女性がキャリアを形成する過程では、性別に対するアンコンシャス・バイ
アス（無意識の偏見）や自己肯定感の低さ（「インポスター（詐欺師）症候
群」）、そして育児との両立等が壁になってしまうことがあります。
　アンコンシャス・バイアスとは、自分自身は気づいていない無意識の偏
見・思い込みのことで、誰もがもっているものです。しかし、たとえば「女
性はこうあるものだ、こうあるべきだ」といった思い込みは、時として活躍
の妨げとなってしまうことがあり、注意が必要です。
　三菱UFJフィナンシャル・グループ／三菱UFJ銀行の上場さんは、育休
復帰時に、上司からの配慮により、自分のポジションにマッチしない仕事を
担当することになってしまい、自身のキャリアを見据えて、適した仕事を配
分してくれるよう直接上司に相談したというエピソードを紹介してください
ました。この背景には、「育児中の女性は大変だから、負荷の低い仕事に変
えてあげるべきだ」という上司の思い込みが影響しています。また、IHIの
石原さんのお話では、自分が努力して得た成果なのに「女の子だから特別扱
いされている」と思われてしまったというエピソードがあり、ここにも「女
性がそのような成果を出せるはずがない」という周囲の思い込みが反映され
ています。
　アンコンシャス・バイアスは、職場や周囲の人だけでなく、女性自身の中
にもあります。
　IHIの石原さんがライフキャリアストーリーの中で自分が当てはまると感
じたという「インポスター症候群」も、アンコンシャス・バイアスの一種で
す。これは、自分が成果や実績をあげ評価されているにもかかわらず、自分
自身はそれを肯定できず、まるで詐欺を働いているように感じ、自己肯定感
の低さと周囲からの評価のギャップに苦しむというもので、女性に多い傾向
があるといわれています。石原さんは、「これは自分だけの話じゃないん

だ」と知ったことで、自己肯定感が高まったと話していらっしゃいました。

　キリンホールディングスの森下さんも、「女性はどこか壁をつくったり、無意識に遠慮するといった行動をしがち」だと観察されています。日本通運の阿部さんも、仕事がうまくいかないときについ、「自分が女性だからなのか？」と考えてしまうことがあったそうで、それを乗り越えて正しく分析するために、「知識」「経験」「権限」「地域性」「性別」の順で要因を考えるようにしたというお話をしてくださいました。

　また、日本では育児の負担が女性に偏っている状況があり、キャリアと育児を両立したい女性にとっての課題になっています。一般的に30代半ばから40歳代にかけては中期キャリアといわれ、キャリアの方向性を見定めたり、組織において中核の存在として頼られるようになったり、後進を育てる役割を求められたりする大切な時期です。この時期が育児期にちょうど重なるため、キャリア形成において、育児との両立は非常に大切です。

　この時期に直面しやすい壁としては、たとえば「子育てに忙しい期間だけ、自分が仕事をセーブしよう」と考えていたのが、いつの間にかキャリアアップの道が絶たれ、キャリア形成ができなくなってしまうという落とし穴に落ちてしまう、通称「マミートラック」の問題があります。これは陸上のトラックのようにいつまでも同じところをぐるぐる回り抜け出せない働き方を表現した言葉ですが、本書における女性リーダーたちは、パートナー（夫）と家事育児を分担したり、親に支援してもらう等して乗り切っていました。おかれた環境は人それぞれ異なりますが、その中で状況を好転させるための方法を考えていくことが大切です。

女性リーダーの共通項③

「やってみよう」「自分ならきっとうまくできる」という自己効力感がある

　自己効力感とは、目標を達成するための力を自分はもっていると信じられることです。

　東京ガスの小西さんは、研究員からキャリアをスタートされ、人事総務のマネージャーを経て、営業未経験で営業部門の管理職に就任されています。全く畑の違う業務を歴任されていますが、研究員として第一人者になったと

いう自信が、営業になっても専門性を身につけることができるという自己効力感につながっていたようです。

日本ガイシの大塚さんは、小さなチームのマネジメントからステップを踏んできたので、部長に就任した際もプレッシャーが大きすぎることはなかった、と話されました。成功体験を積み重ね、「自分ならきっとうまくできる」と自分の可能性を認識することが、自己効力感を高めます。

女性リーダーの共通項④

「自分もあの人のようになりたい」と尊敬する人がいてモデリングしている

自己効力感を高める方法の一つとして、モデリングがあげられます。

北野建設の吉澤さんは、地域において、仕事と子育て、プライベートを両立して楽しんでいるママ友たちの姿をモデリングすることで、育児両立をポジティブに捉えることができるようになりました。カシオ計算機の中村さんは、前職の女性上司がパワフルで人間味のある魅力的な方だった、自分はその方を目指しているのかもしれない、とおっしゃっていました。

しかし、おかれている環境が自分と近い人の中に、「あの人のようになりたい」と思える人がいればいいですが、そう都合よくはみつからないという方も多いでしょう。実際に、仕事と育児を両立している女性からは、「職場で育児と両立しながら管理職になったり、キャリア形成をしている女性がいないので、自分もそうなることが想像できない」という話もよく聞きます。自分を似たような状況の人と比べて、「あの人たちができていないのだから、私もできない」と思い込んでしまうのです。

本書の女性リーダーたちは、おかれている環境や性別にかかわらず、自分が尊敬する人をモデリングしていました。また、「この人だ」というモデルを一人みつけようとするのではなく、「仕事に取り組む姿勢はAさん」「後輩への接し方はBさん」といったように、複数の人のよい部分をモデリングすることも有効です。ぜひ試してみてください。

女性リーダーの共通項⑤

　失敗したことや納得いかないこと、自信がないことに直面しても必要以上に悲観的にならず、「割り切って前を向くことができる」

「困難な状況やストレスに直面しても、しなやかに乗り越える、心の回復力」のことを、「レジリエンス」といいます。本書に登場した女性リーダーたちは、「失敗してもあまり悩まず、すぐ前を向く」と話す方が多く、高いレジリエンスをもつ方ばかりでした。

　イオンの江藤さんは、総合スーパーマーケットのマイカルで女性店長第一号に就任された際、初めての店長会議に出席したところ、誰も返事をしてくれず、口もきいてくれなかったそうです。それでも週に1回だけ我慢すればいい、いつも仕事をするお店のメンバーがわかってくれればいいと思うようにしたとのこと。くじけてしまいそうな場面でも前を向いていました。

　大林組の山中さんと北野建設の吉澤さんも、悩んだり自信をなくしても引きずらず、"どうしたら問題を解決できるか"という方向に意識を集中されるそうです。こういった問題解決思考はレジリエンスを高めるといわれます。「性格の問題ではないか」と思う方もいらっしゃるかと思いますが、実は、このような思考パターンは後天的に身につけられることが知られています。困難に直面したときは、レジリエンスを高めるチャンスです。どうしたら解決できるのかを問題解決志向で考え、乗り越えられたときには、そのプロセスを振り返り、自分の力に変えていきましょう。

女性リーダーの共通項⑥

　与えられた仕事の意味を柔軟にかつポジティブに捉え、自身のキャリア形成に活かすことができる

　本書に登場した女性リーダーたちは、華やかなキャリアを歩んでいるように感じるかもしれませんが、彼女たちも必ずしも当初から望んでいたとおりのキャリアを歩んできたわけではありません。

　明治の河端さんはこれまでのキャリアの中で、予期せぬ異動を2度経験されています。それらは「自分には向いていないし、自分から選ばない」と思う仕事でしたが、その中にも面白さや新たな気づきを積極的に見出していま

した。「目の前のことに一生懸命取り組むと、自身の得意なことや不得意なことがわかるだけでなく、得意な分野を活かした仕事が与えられるようになった。上司との出会いや運の要素も重なり、結局のところ、周りに導いてもらって今に至っている」というお話から、与えられた仕事にポジティブに取り組むことで、自分の強みを認識し活かすようになったり、周囲の支援も得ることができる、というポジティブ・スパイラルを描いていることがわかります。

　万協製薬の高島さんも、「やりたいことと求められることは違う」ということ、また「求められることに真剣に向き合ってきたことで、成長できた」とおっしゃっていました。

　特に女性のキャリアは、ライフイベントの影響を受けやすく、自分が望んでいた形にならないことが多々あります。そのようなときは、目の前の仕事に小さな意味を見出して誠実に取り組み、あとは流れに身を任せたり、「一生懸命やっていれば、少しずつ自分によいことが起きてきて、だんだん未来は開けるのではないか」と楽観的に考えることも、時には大切です。

女性リーダーの共通項⑦

　周囲と良好な人間関係を築き、支援を受けている

　長いライフキャリアの中ではつまずいたり、壁にぶつかったり、想定外の事態が必ず起こります。そのようなときに周囲の人に背中を押してもらえると、ピンチを乗り越えられるだけでなく、結果としてよりよい方向に向かえることもあります。

　日本ガイシの大塚さんは、ポーランドへの海外赴任や、これまで御法度とされていたことを提案するとき、キャリアの転換期などには、上司に背中を押してもらっていました。エムスリーの江端さんは、マッキンゼーでコンサルタントをしているときに妊娠がわかり、「職場復帰したときに自分が担当できるプロジェクトがないかもしれない」と不安を感じていたとき、「江端さんのためにプロジェクトをつくるよ」と、支援を申し出てくれたお客様が現われました。きっと、女性リーダーたちのこれまでの努力の積み重ねが評価されたからこそ、支援者が現われたのでしょう。

　また、周囲に支援者がいることだけでなく、臆することなく自己開示をして周囲に相談することや、そこで得られたアドバイスに素直に耳を傾け、納得したことはすぐに行動に取り入れるポジティブさも、同じように大切です。

　カシオ計算機の中村さんは動物好きで、一貫して動物医療業界の営業に携われていましたが、プロジェクトでお世話になった方に、「時計事業の商品企画が向いているのでは？」とすすめられたことがきっかけで、現職に就くことになりました。寺田倉庫の鶴岡さんは、「会社を辞めたい」と悩んでいたときに、他社に勤める大先輩から「お前には今、風が吹いていない。いったん待て」と諭され、冷静に自分の状況を見直したそうです。横浜ゴムの若林さんは、子どもが手術で入院したときに、仕事を辞めようと考えていたところ、女性の主治医に「短期的な視点でものを考えたらダメよ。今辞めてどうするの」と叱られたことで思い直し、キャリアを継続されています。

　ここで紹介した以外にも、女性リーダーのみなさんは、家族や上司、先輩、お客様、前職の仲間、習い事の先生、ママ友など、実に様々な人を味方につけていました。

　また、パートナー（夫）が支援者だという方も多くいらっしゃいました。夫婦間で対話を重ね、お互いの考え方やキャリア観などをすり合わせ、双方が納得いく形で家事・育児を分担し、本当の意味での「人生のパートナー」となる努力が必要です。

女性リーダーの共通項⑧

　自身の強みや弱み、思考の癖、価値観などを理解し、それらに基づいた自分らしいリーダーシップを発揮している

　本書の女性リーダーの方々は、自分の強みや弱み、思考の癖や価値観を理解し、模索しながらも、自分ならではのリーダーシップを発揮していました。

　大林組の山中さんは、プロジェクトでの学びやご自身の強みを踏まえて、前でグイグイ引っ張るようなリーダーシップスタイルではなく、周囲の人がスムーズに仕事ができるように、自ら行動することを大切にされているとのことでした。自分の意見をもちつつも、相手の意見も尊重し、場の空気感をよい方向に変えられる人になりたいと語っていました。

　寺田倉庫の鶴岡さんは、これまで「リーダーシップに苦手意識をもってい

た」と振り返りながらも、今ではメンバーの個性を知り、適材適所を考える「支援型」リーダーシップにいきついています。

一方で、明治の河端さんは、「先頭で旗を振りながら自分でやりたがってしまう」というお話を聞かせてくれました。ただ、それは一人ですべてを完璧にできるということではなく、「自分にはできないことも多いので、それを助けてくれる部下に恵まれてきた」と振り返っています。

自身の強みや弱み、思考の癖、価値観などを認識することを、「セルフ・アウェアネス（自己認識）」といいます。価値観が多様化した今の時代、自己認識能力は非常に重要となるとして、世界中で注目されています。また、これまでのリーダーといえば、先頭に立ってチームを引っ張る、いわゆる「トップダウン」型のイメージがありましたが、現代では、自分自身の考えや価値観をもとに知識だけでなく感情の面からも人々を引っ張っていく「オーセンティック・リーダシップ」が注目されるなど、リーダーのあり方も大きく変わってきています。

本書に登場された女性リーダーのみなさんは、試行錯誤を経て、自分らしさを活かすオーセンティック・リーダーシップを発揮しながら、ポジションによるプレッシャーもはねのけ、生き生きと活躍されていました。

読者のみなさんは、自分の強みや弱み、思考の癖、価値観などをどの程度理解されているでしょうか。本書をここまでお読みいただいたみなさんにはぜひ、女性リーダーたちのように自己認識能力を高め、固定観念に縛られず、それぞれの場所で自分らしいリーダーシップを発揮していただけたらと思っています。

女性リーダーの共通項⑨

仲間を尊重し、周囲に対する感謝を忘れない

先ほどの共通項⑧とも関連しますが、本書の女性リーダーのみなさんは、「メンバーの意見を吸い上げてまとめ上げていく」リーダーシップで、チームメンバー一人ひとりを尊重したコミュニケーションをとられている方が多かったです。

日本郵船の小西さんは、クリスチャンであるフィリピン人のメンバーが船

にある神棚を綺麗に保ってくれるように、自分も彼らの部屋の十字架を大切に扱うようにすることで、お互いに尊重し合えていることが感じられるというエピソードを紹介してくださいました。仲間を思い合うことにより、国籍を超えた一体感が醸成されている様子が思い浮かびます。

リコーの山岸さんは、発言や行動のみで相手を安易に判断するのではなく、どのような思いや状況のもと、その発言や行動につながったのかをきちんと理解するようにしているそうです。三菱 UFJ フィナンシャル・グループ／三菱 UFJ 銀行の上場さんも、メンバーのよさや貢献に対する感謝の気持ちを直接言葉に出して伝えるとのこと。一人ひとりを尊重されている様子が伝わってきます。

会社のメンバーだけでなく、親やパートナーや子ども、いつもサポートしてくれる周囲に対する感謝の気持ちを語ってくださる方も多くいらっしゃいました。自分だけでここまできたのではない、あなたのおかげで助かっている、と謙虚に感謝する姿勢は、周囲に「また支援したい」という気持ちを呼び起こし、好循環を生み出すでしょう。

女性リーダーの共通項⑩

「成長意欲」が高く、自律的に「学び」の機会を得ている

今回インタビューさせていただいた女性リーダーのみなさんは、共通して成長意欲が高く、中には海外で MBA を取得されていたり、社会人大学院に通われている方もいらっしゃいました。

エムスリーの江端さんは、富士通時代に通訳養成講座で英語を勉強したり、アメリカ MIT 経営大学院で、IT と経営を結びつけて学ばれ、帰国後はコンサルタントへ転身されています。介護でキャリアを一旦中断した際には政治スクールに通われ、3 年間、衆議院議員を務められました。一見、担当業務とは離れた「学び」が、江端さんのキャリアを劇的に転換させていました。

また、堀越の鈴木さんは、入社前も入社後も取得できる資格にはなんでも挑戦してきたり、現場管理者でありながら「建築塗装技能コンクール」に出品したり、疑岩や壁画などのデコラティブペイント（装飾塗装）を学んでお客様にも提供するなど、職務の枠に限定されずに勉強を続け、技術を磨いて

いらっしゃいました。これからもどんどん新しい資格に挑戦しながら、いずれは全国建築塗装技能競技大会で、女性初の内閣総理大臣賞を獲得したいと語ってくださいました。

　学びは、なにも社会人大学院や学校に通うことだけではありません。新聞を読んで、いま世界で何が起こっているかを知ったり、興味のある分野の本を読んで知見を深めたり、旅をしたり、人に会って新たな気づきを得ることも立派な学びです。学びは、今後のみなさんを支える財産となります。本書からも学びを得ていただけたら、とても嬉しく思います。

2　共通項からわかった、キャリアを切り開くために必要な4要素

　20人の女性リーダーのライフキャリアストーリーから導き出した共通項はいかがでしたでしょうか。ここからは、女性リーダーたちのもつ要素を洗い出し、共通項をまとめる中でわかったことをお伝えしていきます。少し学術的な話になりますので、興味のない方は読み飛ばしていただいて構いません。

　女性リーダーの要素を洗い出し、共通項をまとめる中でわかったこと。それは、仕事で高いパフォーマンスを上げたり、キャリアを切り開くのに必要な3要素である、「心理的資本（Psychological Capital）」「社会関係資本（Social Capital）」「人的資本（Human Capital）」に当てはまる特徴が多く、さらに4つ目の要素として、「オーセンティック・リーダーシップ」を実現できている人が多いということです（図表）。それぞれについて、順に紹介していきましょう。

図表　共通項からわかったキャリアを切り開くために必要な4つの要素

4つの要素と小項目		インタビューから得られた共通事項
心理的資本	Hope ホープ 意思と経路の力	①仕事を通じて成し遂げたい夢や目標が明確になっており、それを必ず達成するという強い熱意がある ②キャリア形成における女性特有の課題を認識し、課題解決に向けて自身がすべきことを理解し、実践している（アンコンシャス・バイアス、自己肯定感、育児との両立など）
	Efficacy エフィカシー 自信と信頼の力	③「やってみよう」「自分ならきっとうまくできる」という自己効力感がある ④「自分もあの人のようになりたい」と尊敬する人がいてモデリングしている
	Resilience レジリエンス 乗り越える力	⑤失敗したことや納得いかないこと、自信がないことに直面しても必要以上に悲観的にならず、「割り切って前を向くことができる」
	Optimism オプティミズム 柔軟な楽観力	⑥与えられた仕事の意味を柔軟にかつポジティブに捉え、自身のキャリア形成に活かすことができる
社会関係資本		⑦周囲と良好な人間関係を築き、支援を受けている ⑨仲間を尊重し、周囲に対する感謝を忘れない
人的資本		⑩「成長意欲」が高く、自律的に「学び」の機会を得ている
オーセンティック・リーダーシップ		⑧自身の強みや弱み、思考の癖、価値観などを理解し、それらに基づいた自分らしいリーダーシップを発揮している

　1つ目の「心理的資本」とは、アメリカ　ネブラスカ大学のフレッド・ルーサンス教授らが提唱した考え方で、「"ひとが、いかに希望や目標をもちつつ、物事に挑戦し、出来事を意味づけ、逆境をはねのけてでも、前に進むことができるか"という、"ひとの心の状態"のこと」であると解説されています（立教大学の中原　淳教授のブログより）。心理的資本は、その構成要素である「Hope（ホープ）；意思と経路の力」「Efficacy（エフィカシー）；自信と信頼の力」「Resilience（レジリエンス）；乗り越える力」「Optimism（オプティミズム）；柔軟な楽観力」（『心理的資本をマネジメントに活かす』開本浩矢・橋本豊輝著より）の頭文字をとって、"HERO within（内なるヒーロー）"とも表現されます。HEROと聞くと、生まれつきもった特質で、ごく稀な人がもつものだというイメージを抱くかもしれませんが、研究結果に

よれば、心理的資本は育てていくものであり、仕事において高いパフォーマンスを発揮するためのエネルギーとなるものであるとされています。

　図表にまとめたように、心理的資本を構成する"HERO"と、ここまでにみてきた女性リーダーたちの共通項①～⑥はきわめて近い内容となっています。本書の女性リーダーたちは自ら育てた心理的資本がベースにあるからこそ、現在の活躍につながっているということがいえるでしょう。

　2つ目の「社会関係資本」は、アメリカの政治学者ロバート・パットナムが定義した考え方で、個人間の信頼関係や、社会における人々のつながりといった人間関係を指します。ただ知り合いが多ければいいということではなく、一人ひとりと信頼関係を築き相互で支援し合える関係を築けているかどうかという点が重要で、女性リーダーの共通項と比べると、⑦⑨と近い内容となっています。

　3つ目の「人的資本」は、その人がもつ知識やスキル、ノウハウを指し、時代・環境・目標の変化にあわせて常にアップデートが求められます。"人を資本とみなし、教育に投資をすれば経済的なリターンが得られる"という「人的資本理論」（ノーベル経済学賞を受賞したアメリカの経済学者・社会学者、ゲーリー・ベッカー教授提唱）から広まった考えです。女性リーダーのみなさんは、共通項⑩にあるように、高い成長意欲をもち、主体的に学び、スキルを身につけ、キャリアに結びつけていました。

　これまでは、3つ目の「人的資本」が、仕事でパフォーマンスを発揮するために重要な要素として捉えられてきました。しかし現在では、前に進もうという心の状態である「心理的資本」があってはじめて、「社会関係資本」や「人的資本」が効果を発揮するものと考えられています。

　本書に登場する女性リーダーたちはまさに、各人が兼ね備えている心理的資本をベースに、社会関係資本と人的資本をアップデートしているがゆえに、現在の活躍につながっているのだと感じます。

　そして、4つ目の「オーセンティック・リーダーシップ」とは、ハーバード・ビジネススクールのビル・ジョージ教授らにより提唱されたリーダーシップ論で、共通項⑧でも触れましたが、自身の目標や価値観をもとに知識だけでなく感情の面から人々を引っ張っていくリーダーシップのことです。女性リーダーたちは自身の強みや弱み、思考の癖、価値観などを理解し、それらに基づいた自分らしいリーダーシップを発揮していました。また、チーム

メンバーの多様な価値観を認め、一人ひとりをうまく巻き込むことを心がけていました。これらの点は、まさにオーセンティック・リーダーシップを実践しているといえるでしょう。

　ここまで、20人の女性リーダーのインタビューをもとに、その共通項についてまとめてきました。「最高のキャリアのつくり方」は人それぞれですが、そのヒントを得ていただければ幸いです。

あとがき

　女性が企業でリーダーになるには何が必要か。今活躍している女性にどのようにキャリアを切り開いてきたかを語っていただいたらヒントが得られるのではないか。これが本書を出版する最初の動機でした。

　当社がお世話になっている企業様には、素敵な女性がたくさんいらっしゃいます。その中から選りすぐりの20人の方にお声を掛けさせていただきました。女性リーダーのみなさまも企業の人事労務課や広報課のみなさまも快くお引き受けくださり、インタビューはスムーズに進みました。

　先方の会議室や執務室、工場等に出向き、ご経験や思いをお聴きしていると、すっかりその方のファンになってしまいます。もっといろいろお聴きしたいと後ろ髪をひかれながら、インタビューを終えました。

　インタビュー原稿は当社の社員がまとめ、写真も撮影しました。コンサルティング営業や開発、経理担当、入社してまだ日の浅い社員も含め、本に載る文章を書くのは初めてだが挑戦したいと自分から名乗りをあげて、通常業務をこなしながらやり切ってくれました。話し手と聞き手の個性を活かした文章にしようと、ご本人と何度もやり取りを繰り返しながら原稿を仕上げる作業は、仕事のスキルアップにつながり、とても楽しく充実していたとの感想を聞いています。社員が力を合わせて編集できたことを誇りに思っています。

　プロフィールと会社概要、ダイバーシティ＆インクルージョンの取組みについては、各社から素晴らしい原稿を寄せていただきました。女性リーダーの方が活躍できた下地として会社の取組みがあり、今後に向けての目標をぜひ実現させていただきたいと願います。

＊

　女性リーダーのみなさまは20人20色、一人として同じ経歴の方はいませんが、女性の後輩への思いには共通するものがありました。先輩が築いてくれた道をつないだ方は、20年後の女性たちが「あのときの人たちが頑張ってくれたから」と思ってくれるような足跡を残せたらいいとおっしゃいました。女性初の冠が付いた方は、女性の後輩をもっと増やしたいと、サポート体制

を会社と協力して考えたいとのこと。一歩踏み出してやってみようと思える、そのきっかけに自分がなれるといい、女性の少ない職場にたくさん女性が入り、意見などをどんどん出して、よりよい環境が整っていくといいと願う方もいらっしゃいます。

＊

　20人の女性リーダーからの後輩へのメッセージを、まとめてみました。
- ジェンダー関係の知識は入れてほしい
- 今の一歩が未来を創るということを意識してほしい
- 大体このくらいの力でこのくらいできるという、自分自身のものさしをもって、そのものさしを広げていくといい
- 仕事は女性も男性も関係なく実力が評価され責任も課されるのだから勉強して実力を上げてほしい
- 他人の目を気にするのではなく自分がやりたいことを自分らしくやってほしい
- 一人で乗り越えられないことは仲間をたくさんつくってマンパワーで対応してほしい
- できるだけ早い時期から自分としっかり向き合って、小さなことで十分だから自分の武器となるものを一つでも多く身につけて、強みと自信を積み重ねてほしい
- まず自分が何をしたいのかをしっかり考えて、やりたいことを言葉で発することをぜひやってほしい
- 感受性を大事にして、それを活用できるだけのビジネス上の経験と能力を蓄積して、仕事をしてほしい
- 真面目な女性ほど将来を心配しがちなので、ゆったりした気持ちでまずは行動してみることをすすめたい
- 自分を抑えずに、何をしたら幸せなのかを貪欲に求めていいと伝えたい
- 完璧主義の傾向がある人は、自分の理想よりも現実的な目標を立てていくことで楽になれると思う
- 今はいろいろなタイプのロールモデルがいて、比較対照し参考にすることができる
- 自分が自分にする評価より、人がする評価のほうが正しいと思うので、いろいろなことに挑戦してほしい

- 女性は心や思いや苦しみが身体の弱い部分に出る。出てしまってからでは遅いので自分自身を大切にしてほしい。健康であることもキャリアを続けられるポイントの一つ
- 挑戦することによって得られる経験は大きく、人はいつでも変われる。たとえ失敗してもその経験はみなさんの中に生き続ける
- 将来の職場環境は今のままではないから、違和感に惑わされず、将来につながる信頼を構築する、自分のエクスパティーズを高める、謙虚に、積極的にキャリア形成の糸口を掴む動きをしてほしい
- 自分で思う自分というのはごく限られ、自分のみえる世界というのも限られている。自分で決めつけず、他の人からすすめられたことを大事にして、いろいろな機会を活かしてほしい
- 自分で苦手だと思っていることの中には、どんなに努力してもできないこともある。そのときは、もうできませんって手をあげてしまってもいい
- いっぱい失敗して、成功が出てくれば、それに対して自信がついてくる。課題だと気づいたことの中で、これはやらなきゃいけないと思うことを全力で徹底的にやってほしい
- キャリアは細くても長くと伝えたい
- キャリアは自分が考えているよりもっと早いタイミングでその道筋が決まってくるように感じる。何か迷うことがあっても、まず行動してみることをすすめたい

　これらの言葉は、ご自分の体験から導き出されたものです。ここに至るまでの物語が本書に収録されています。

＊

　最後に、本書がお読みいただいたみなさまのお役に立てば、これに勝る喜びはありません。あわせて、出版にご協力くださったたくさんのみなさまに心より感謝申し上げます。

　2024年1月

角田　とよ子

執筆者紹介

株式会社 wiwiw

wiwiw（ウィウィ）は2000年、株式会社資生堂から生まれました。その後、株式会社ネットラーニングと株式会社資生堂の共同出資により、2006年に株式会社 wiwiw として事業をスタートし、現在では、"企業の組織改革を通じて、一人ひとりが力を発揮できる社会を創造する"をミッションに、企業・団体のダイバーシティ・エクイティ＆インクルージョン推進を支援するコンサルティング・研修会社として活動しています。

〈企画・監修〉
山極 清子（会長、経営管理学博士（立教大学））
角田 とよ子（キャリアと介護の両立相談室長）

〈20人へのインタビュー執筆・編集〉
角田 とよ子　イオン、寺田倉庫、東京ガス、日本通運、日本郵船、三菱 UFJ フィナンシャル・グループ／三菱 UFJ 銀行、明治、横浜ゴム
縣 亜沙子　リコー
入江 沙織　ヤマト・スタッフ・サプライ
斉藤 茜　万協製薬
佐藤 歩美　エムスリー
成 慶学　IHI
寺西 知也　星野リゾート・マネジメント
平川 まゆみ　堀越
深田 絵里　大林組
深田 真弓　北野建設
矢内 舞佳　キリンホールディングス
脇田 舞香　日本ガイシ
渡辺 藍　カシオ計算機

〈その他執筆・編集〉
佐藤 歩美（代表取締役社長、DEI コンサルタント）
寺西 知也（DEI コンサルタント）
縣 亜沙子（DEI コンサルタント）
成 慶学（DEI アナリスト）
※以上、株式会社 wiwiw 所属社員

企業ではたらく20人の女性リーダー
－自分らしい最高のキャリアのつくり方

著者◆

株式会社 wiwiw

発行◆2024年1月19日 第1刷

発行者◆

大下 正

発行所◆

経団連出版

〒100-8187 東京都千代田区大手町1-3-2
経団連事業サービス
電話◆［編集］03-6741-0045 ［販売］03-6741-0043

印刷所◆精文堂印刷